# Welkom in de klas!

## Lesboek 2

met luisterteksten voor smartphone / tablet

von
Doris Abitzsch
Stefan Sudhoff

Beratung von
Nicole Lücke
Anna-Lena Schmitz
Stefan Ulrichs
Veronika Wenzel

Alles Digitale zu diesem Buch kann auf der Lernplattform **allango** von Ernst Klett Sprachen abgerufen werden. So geht's:

QR-Code scannen oder **www.allango.net** aufrufen

Zur Aktivierung zusätzlicher Komponenten geben Sie bitte folgenden Lizenzschlüssel ein:

EKS-528988-75ab-a40f-6d44

Weitere Informationen dazu finden Sie unter: **www.allango.net**

Ernst Klett Sprachen
Stuttgart

**Autoren** Doris Abitzsch (Universität Utrecht), Stefan Sudhoff (Universität Utrecht)
**Beratung** Nicole Lücke (Zentrum für schulpraktische Lehrerausbildung Krefeld, Städtisches Kardinal-von-Galen-Gymnasium Kevelaer), Anna-Lena Schmitz (Nelson-Mandela-Schule Rheine), Stefan Ulrichs (Studienseminar Leer für das Lehramt an Gymnasien), Dr. Veronika Wenzel (Zentrum für schulpraktische Lehrerausbildung Münster, Gymnasium Arnoldinum Europaschule Steinfurt, Fachberatung Bezirksregierung Münster)

**Redaktion** Doris Abitzsch, Michael Krumm, Stefan Sudhoff
**Lektorat** Jesse Pouw, Michael Krumm
**Layoutkonzeption** grundmanngestaltung, Karlsruhe
**Herstellung** Anastasia Raftaki
**Illustrationen** Gregor Schöner, Bremen
**Gestaltung und Satz** grundmanngestaltung, Karlsruhe
**Umschlaggestaltung** grundmanngestaltung, Karlsruhe
**Reproduktion** Meyle + Müller GmbH + Co. KG, Pforzheim

**Informationen und zu diesem Titel passende Produkte finden Sie auf**
**www.klett-sprachen.de/welkom-in-de-klas**

1. Auflage 3 | 2025



**Druck und Bindung** Elanders Waiblingen GmbH

**ISBN** 978-3-12-528988-8

# Liebe Schülerinnen und Schüler,

willkommen zurück bei Welkom in de klas!, dem modernen Lehrwerk für Niederländisch! Dieses **Lehrbuch** *(lesboek)* hilft euch auf lebendige und abwechslungsreiche Weise, eure Niederländischkenntnisse zu erweitern.

Alle acht Lektionen beginnen mit einer **Auftaktseite**, die das Thema der Lektion vorstellt.

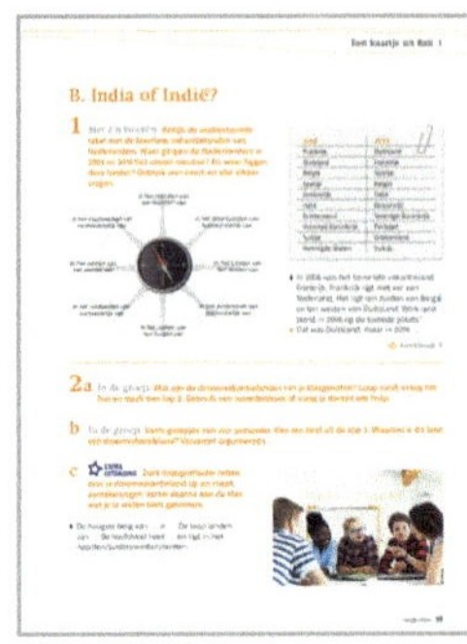


Die **Lektionsseiten** sind in drei Abschnitte mit interessanten Themen eingeteilt, die unterschiedliche Schwerpunkte setzen.

Jede Lektion endet mit **Aan de slag!**, einer umfangreichen Aufgabe, in der ihr das Gelernte zusammen mit euren Mitschülerinnen und Mitschülern anwenden könnt.

Nach jeweils zwei Lektionen könnt ihr in einer Wiederholungseinheit, dem **Tussenstop**, euren Lernstand überprüfen und Erlerntes vertiefen.

Im Anhang des Buchs findet ihr die **Partnerübungsseiten** (*partneroefeningen*) und eine nach Lektionen geordnete **Wörterliste** (*woordenlijst*).

Das **Arbeitsbuch** (*werkboek*) enthält zahlreiche Übungen, Ausspracheübungen sowie Übersichten zu Redemitteln, Grammatik, Aussprache, Arbeitsanweisungen, Niederländisch im Klassenraum und Lerntechniken.

**Wir wünschen euch viel Spaß und Erfolg beim Niederländischlernen!**

**Die Autoren, die Redaktion**

# Diese Symbole erleichtern dir die Arbeit mit dem Buch

| | |
|---|---|
| 3 | Dieses Symbol verweist auf einen **Hörtext**, den du online abrufen kannst. |
| werkboek | Dieses Symbol verweist auf zugehörige **Übungen** im Arbeitsbuch (*werkboek*). |
| Technik | Dieses Symbol verweist auf **Lern- und Arbeitstechniken** im Anhang des Arbeitsbuchs (*werkboek*), die dir das Lernen erleichtern. |
| EXTRA HULP | Dieses Symbol kennzeichnet Aufgaben und Aufgabenteile, die dir zusätzliche **Unterstützung und Hilfestellungen** bieten. |
| EXTRA UITDAGING | Dieses Symbol kennzeichnet Aufgaben und Aufgabenteile, die dir **zusätzliche Herausforderungen und Anregungen zur Weiterarbeit** bieten. |
| Met z'n tweeën. | Hier arbeitet ihr **zu zweit** an einer Aufgabe. |
| Met z'n drieën. | Hier arbeitet ihr **zu dritt** an einer Aufgabe. |
| In de groep. | Hier arbeitest du **mit mehreren Mitschülerinnen und Mitschülern** zusammen. |
| g | Dieses Symbol kennzeichnet Erklärungen zur **Grammatik** des Niederländischen. |
| i | Dieses Symbol kennzeichnet **Zusatzinformationen und Lerntipps**. |
| ! | Dieses Symbol kennzeichnet **Besonderheiten**, auf die du achten musst, um Fehler zu vermeiden. |

# Inhalt

| Kommunikation | Wortfelder | Grammatik | *Aan de slag!* |
|---|---|---|---|
| • eine Postkarte oder einen persönlichen Brief schreiben<br>• von einer Reise erzählen<br>• vergangene Erlebnisse beschreiben<br>• erzählende Texte verstehen<br>• Länder und deren Einwohner benennen | • Länder<br>• Nationalitäten<br>• Himmelsrichtungen | • Imperfekt<br>• Verwendung des Perfekts und des Imperfekts<br>• Imperfekt der Verben *zijn* und *hebben* und der Modalverben<br>• *f/v*- und *s/z*-Wechsel | • ein Reisetagebuch schreiben |
| • nach Produkten und Preisen fragen<br>• ein Gespräch in einem Geschäft oder an einem Marktstand führen<br>• sagen, was man gern/ungern isst<br>• ein Telefongespräch führen | • Lebensmittel<br>• Mahlzeiten und Gerichte | • Imperativ<br>• Relativpronomen | • Ereignisse auf einem Wochenmarkt spielen |
| • jemanden einladen<br>• auf eine Einladung reagieren<br>• Wünsche und Glückwünsche formulieren<br>• etwas begründen | • Festtage<br>• Glückwünsche | • Wortstellung in Haupt- und Nebensätzen<br>• Konjunktionen *om*, *want* und *omdat*<br>• Verwendung von *staan/zitten/liggen/lopen te* + Infinitiv | • Ereignisse auf einer Geburtstagsfeier spielen |
| • Kleidungsstücke einkaufen<br>• um Rat fragen und jemandem einen Rat geben<br>• über den Gesundheitszustand sprechen und Krankheitssymptome beschreiben | • Kleidungsstücke<br>• Körperteile<br>• Krankheiten | • Verwendung von *zou/zouden* + Infinitiv<br>• Reflexivpronomen | • eine Modenschau abhalten |

# Daar zijn we weer!

**1** **Lees de zinnen. Welke zin hoort bij welke foto? Er zijn soms meerdere mogelijkheden. Bij welke situaties passen de zinnen?**

Hoe spel je dat? • Met mij gaat het uitstekend. • Ik ben op 15 januari 2005 geboren. • Met Elin Griffioen. • Wat prachtig! • Ik vind fietsen erg leuk. • Mijn droombaan is docent Nederlands op een middelbare school. • Ik ben verdwaald.

**2a** Luister naar de vier korte dialogen. Welke zin uit **1** hoort bij welke dialoog? ▶ 1

**b** Luister of je het goed hebt gedaan. ▶ 2

**3a** **Met z'n tweeën.** Kies twee van de overgebleven zinnen in **1**. Bedenk korte dialogen met deze zinnen.

**b** **In de groep.** Vorm groepjes van vier personen (twee tweetallen uit a). Lees elkaar om de beurt jullie dialogen voor, maar laat de zinnen uit 1 weg. De anderen raden welke zin bij de dialoog hoort.

## 4 Met z'n tweeën. Hoe ging het leren van het Nederlands tot nu toe? Bespreek de onderstaande vragen.

1. Wat vind je leuk aan het vak Nederlands? Wat doe je graag?
2. Wat vind je minder leuk aan het vak Nederlands? Wat doe je niet zo graag?
3. Wat vind je makkelijk? Wat vind je juist moeilijk?
4. Wat heeft je geholpen bij het leren van het Nederlands?
5. Wat wil je in de les nog een keer doen omdat het zo leuk was?
6. Wat wil je in de les nog een keer oefenen omdat je het niet meer kunt?

## 5 Met z'n tweeën. Stel je voor dat je op een familiefeestje bent. Je praat met je oom over het leren van vreemde talen. Hij stelt de onderstaande vragen. Welke antwoorden geef je?

Welche Fremdsprachen lernst du in der Schule? • Warum lernst du diese Fremdsprachen eigentlich? • Was macht dir Spaß am Fremdsprachenlernen? • Hast du Englisch schon mal außerhalb der Schule eingesetzt? • Konntest du schon mal außerhalb der Schule Niederländisch sprechen? • Brauchst du Fremdsprachen eigentlich auch später in deinem Beruf?

## 6a Wat is je lievelingswoord in het Nederlands? Waarom vind je dat woord leuk? Maak aantekeningen.

**b** Met z'n drieën. Deel de woorden uit a met elkaar en leg aan elkaar uit waarom jullie deze woorden hebben gekozen. Kies een van de drie woorden en bedenk samen nog meer redenen voor de keuze.

**c** Met z'n drieën. Deel jullie woord met de hele klas en leg uit waarom jullie dit woord hebben gekozen.

**d** Houd in de klas een verkiezing van het leukste Nederlandse woord.

**7 a** Wat heb je tot nu toe geleerd over Nederland en Vlaanderen? Bekijk de foto's en schrijf op wat je nog weet over de onderwerpen.

**b** Met z'n tweeën. Bespreek jullie aantekeningen en vul ze aan.

**c** Met z'n tweeën. Bedenk twee kennisvragen over Nederland en Vlaanderen. Schrijf de vragen op een los blaadje en geef ze aan je docent. De docent leest alle vragen voor. Luister naar de vragen van jullie klasgenoten en schrijf de antwoorden op. Welk tweetal heeft de meeste vragen goed?

1. Hoeveel inwoners heeft Vlaanderen?
2.

⇨ werkboek 1–3

**eine Postkarte oder einen persönlichen Brief schreiben · von einer Reise erzählen · vergangene Erlebnisse beschreiben · erzählende Texte verstehen · Länder und deren Einwohner benennen**

# 1 Een kaartje uit Bali

**Annemarie krijgt een kaartje van haar oom en tante. Lees het kaartje. Waar zijn de afzenders op vakantie en wat doen ze daar zoal?**

Hallo Annemarie,

Heel veel groeten vanuit Kuta op Bali. De stad is nogal toeristisch – veel hotels, clubs, winkels en restaurants. We kunnen hier wel relaxen en een beetje bijkomen. Iedereen is heel aardig.
We zijn nu twee weken in Indonesië en we vinden het allemaal heel indrukwekkend. Afgelopen week waren we in de hoofdstad Jakarta op het eiland Java. Daar hebben we een interessant museum bezocht en veel geleerd over het koloniale verleden van Nederland in Indonesië. We hebben ook twee vulkanen van dichtbij bekeken. Een daarvan is nog actief. Best spannend!
De laatste drie dagen waren we in Ubud, een plaatsje ten noorden van Denpassar, de hoofdstad van Bali. In de buurt van Ubud hebben we het Heilige Apenwoud bezocht. Dat is een prachtige heuvel met tempels, graven, bruggen en beelden. Alles is overwoekerd door oude bomen. En overal apen! We maken enorm veel foto's. Tot gauw!

Groetjes, Michiel en Roelien

Annemarie Kok
Rhijnvis Feithlaan 49
8021 AL Zwolle

Negeri Belanda

⇨ werkboek 1, 2

# A. We maken enorm veel foto's

**1a** EXTRA HULP **Bekijk de foto's. Welke woorden komen in je op? Zoek deze woorden op in een woordenboek.**

1

2

3

4

**b Zoek de onderstaande steden op een kaart. Wat weet je over deze steden? Verzamel met de hele klas informatie.**

Wenen • Kaapstad • Jakarta • Hamburg • Paramaribo

**c Lees de onderstaande stukjes uit verschillende reisverhalen. Welke stad uit b hoort bij welk verhaal? Lees de stukjes tekst nog eens en schrijf de woorden op die je hebben geholpen om de opdracht te maken.**

**1** Op de tweede dag besloten mijn ouders naar de Tafelberg te gaan. Ik had niet zo'n zin in wandelen. Daarom gingen we met de kabelbaan naar boven. Maar daar was het koud en winderig. Dus wandelden we weer naar beneden. Best stoer! Daarna gingen we door naar Boulders Beach. Daar is de grootste pinguïnkolonie van Afrika. Je kan er zo doorheen wandelen of in het water tussen de pinguïns zwemmen.

**2** De eerste week logeerden we in een klein hotel in de hoofdstad. Daarna vertrokken we naar het dorpje Jaw Jaw midden in het tropisch regenwoud. Het duurde meer dan vier uur om met de bus in het dorpje te komen. Mijn zusje werd erg misselijk onderweg. De eerste nacht sliepen we in hangmatten en de volgende morgen zwom ik in de Surinamerivier.

**3** 's Avonds aten we in een klein restaurantje. Superlekker eten! Mijn moeder kletste toen wat met een paar studenten over hun studies en over onze reis. Op de terugweg naar ons hotel kwamen we bijna geen andere westerlingen tegen. Maar misschien vallen toeristen ook niet zo op in een stad met bijna tien miljoen inwoners.

**4** De vriendelijke verhuurder van ons vakantiehuisje legde ons uit hoe het ov werkt en hoe we naar de haven konden gaan. Daar maakten we een rondvaart. Dat vond ik eigenlijk best saai, want het is ook niet anders dan in Rotterdam in de haven. En het was bloedheet. Mijn vader had het idee om te gaan zwemmen. We gingen naar het Elbstrand. Heerlijk! Je kan daar zwemmen en tegelijkertijd schepen bekijken. Veel beter dan op de rondvaartboot.

**5** Mijn moeder houdt van stedentrips. En nog meer houdt ze van keizerin Sissi. Daarom wilde ze een keertje naar de beroemde Hofburg. We bekeken echt alles wat ze wilde zien. Daarna gingen we gelukkig ook naar het Prater. Het park zelf is niet heel bijzonder. Maar er is ook een attractiepark en dat vond ik het leukste van de hele vakantie, vooral ons ritje met het reuzenrad.

## 2 Lees de stukjes tekst in 1 nog eens en beantwoord de vragen.

1. Waar kun je in Hamburg gaan zwemmen?
2. Hoeveel mensen wonen er in Jakarta?
3. Hoe heet het strand waar je tussen de pinguïns kunt wandelen en zwemmen?
4. Welke berg kun je in Kaapstad beklimmen?
5. Waar kun je het reuzenrad in Wenen vinden?
6. Waar ligt het dorpje Jaw Jaw?
7. Wat kun je in Wenen bekijken?
8. Waar kun je in Hamburg een rondvaart maken?

## 3 EXTRA HULP Weet je het nog? Bekijk de werkwoorden in de onderstaande zinnen. Hoe vorm je het perfectum van zwakke en sterke werkwoorden? Schrijf de regels in eigen woorden op.

Ik **ben** naar het meer **gewandeld**.
Ze **heeft** een foto **gemaakt**.
In Wenen **hebben** we in een hotel **geslapen**.
Ze **zijn** heel vroeg **vertrokken**.

## 4a Met z'n tweeën. Bekijk de vormen van het imperfectum. Hoeveel verschillende vormen hebben de werkwoorden in het imperfectum?

| Infinitiv | Präsens | Imperfekt |
|---|---|---|
| wandelen | ik wandel | jullie wandelden je wandelde we wandelden hij wandelde ik wandelde u wandelde ze wandelden |
| gaan | ik ga | ik ging we gingen u ging ze gingen je ging jullie gingen ze ging |

## b Met z'n tweeën. Neem de tabel over in je schrift. Zoek in de stukjes tekst in 1b de vormen van het imperfectum van de onderstaande werkwoorden en vul de tabel aan. Wat valt jullie op?

bekijken • besluiten • duren • kletsen • logeren • maken • slapen • vertrekken • vinden • wandelen • zwemmen

| zwakke werkwoorden | | sterke werkwoorden | |
|---|---|---|---|
| infinitief | imperfectum | infinitief | imperfectum |
| wandelen | we wandelden | besluiten | |

## 5a De vormen van het imperfectum.

**schwache Verben**

*maken* ▸ *maak* ▸ *maak + te(n)*
*logeren* ▸ *logeer* ▸ *logeer + de(n)*
Infinitiv ▸ Stamm ▸ Imperfekt

- Das Imperfekt der schwachen Verben besteht aus dem Stamm des Verbs und den Endungen *-te/-de* im Singular und *-ten/-den* im Plural.
- Die Endungen *-te/-ten* werden verwendet, wenn der Verbstamm auf *-c*, *-ch*, *-f*, *-k*, *-p*, *-s*, *-t* oder *-x* endet: *kletsen – klet**s** – klets**te(n)***
- In allen anderen Fällen werden die Endungen *-de/-den* verwendet: *duren – duu**r** – duur**de(n)***
- Endet der Stamm bereits auf *-t* oder *-d*, wird im Imperfekt – anders als beim Partizip Perfekt – trotzdem ein weiteres *-t* bzw. *-d* angefügt: *praten – praa**t** – praa**tte(n)**, antwoorden – antwoor**d** – antwoor**dde(n)***

**Lerntipp!** Die Konsonanten, nach denen die Endung *-te(n)* folgt, kannst du dir wieder mit der Wortgruppe ***fokschaap Tixi*** merken.

**starke Verben**

*vertrekken* ▸ *vertrok(ken)*
*slapen* ▸ *sliep(en)*
Infinitiv ▸ Imperfekt

Im Imperfekt der starken Verben tritt meist ein Vokalwechsel auf.

- Die Formen des Imperfekts der starken Verben findest du im *werkboek* in der Tabelle ab S. 106.
- **Lerntipp!** Präge dir die Form des Imperfekts (und das Partizip Perfekt) zusammen mit dem entsprechenden starken Verb ein.

Auch bei der Bildung des Imperfekts gelten die Regeln für die Schreibung der Vokale und Konsonanten: m**a**-ken – ze m**aa**k-te, vertre**k**-**k**en – ik vertro**k** – we vertro**k**-**k**en

## b EXTRA HULP Schrijf de regels voor het imperfectum in eigen woorden op.

➪ werkboek 3, 4

## 6 Het imperfectum van *zijn*, *hebben* en de modale werkwoorden.

| | zijn | hebben | kunnen | willen | mogen | moeten | zullen |
|---|---|---|---|---|---|---|---|
| Singular | was | had | kon | wilde/wou | mocht | moest | zou |
| Plural | waren | hadden | konden | wilden | mochten | moesten | zouden |

➪ werkboek 5, 6

## 7 a Lees de onderstaande woorden. Zoek de woorden die je niet kent op in een woordenboek. Welke woorden horen bij elkaar? Schrijf deze woorden naast elkaar op in je schrift. Leg uit waarom deze woorden bij elkaar horen.

Europa • handel • goud • Noord-Amerika • vakantie • kolonie • Indonesië • Zuid-Amerika • specerij • emigreren • Suriname • toerist • scheepvaart • slaaf • cultuur

## b Wat hoort bij elkaar?

1. Nederlanders gaan graag
2. Nederlanders reizen ook naar
3. Suriname is een
4. De $17^{e}$ eeuw wordt ook wel
5. Suriname en Indonesië
6. Tijdens de Gouden Eeuw handelde

a. waren koloniën van Nederland.
b. Nederland onder andere in specerijen en edelmetalen.
c. land in het noorden van Zuid-Amerika.
d. op vakantie.
e. verre landen, zoals Indonesië of Suriname.
f. de Gouden Eeuw genoemd.

## c Lees de tekst en schrijf sleutelwoorden op. Maak daarna met behulp van de sleutelwoorden een mindmap over de relatie tussen Nederland en Suriname/Indonesië.

### *Bon bini & Selamat datang*

Wie gaat er niet graag op vakantie? Nederlanders doen dat in ieder geval heel graag. In 2016 gingen 12,8 miljoen Nederlanders (ongeveer 81%) in totaal 35,5 miljoen keer op vakantie. Niet alleen vakanties in Europa en Noord-Amerika zijn bij Nederlanders populair, maar veel Nederlanders gaan ook naar Indonesië op vakantie. Bovendien zijn er steeds meer Nederlandse toeristen in het kleine Zuid-Amerikaanse land Suriname te vinden. Een land dat toeristen uit andere Europese landen niet zo snel als vakantiebestemming kiezen.

De interesse voor deze landen is niet toevallig. Beide landen waren Nederlandse koloniën – Indonesië tot 1949 en Suriname tot 1975. Tijdens de zogenaamde Gouden Eeuw waren de Verenigde Oost-Indische Compagnie (VOC) en de West-Indische Compagnie (WIC) twee Nederlandse handels- en scheepvaartondernemingen. De VOC handelde in de $17^{e}$ en $18^{e}$ eeuw onder andere in specerijen, meubels en stoffen uit Nederlands-Indië. De WIC was gericht op de handel met de koloniën in West-Afrika, Noord- en Zuid-Amerika en hield zich voornamelijk bezig met de slavenhandel en de handel in edelmetalen zoals goud.

Het koloniale verleden van Nederland is in de geschiedenisboeken van alle betrokken landen een zwarte bladzijde. Nederland streeft naar een ontspannen verhouding met Suriname en Indonesië. De voormalige koloniën en Nederland werken nauw samen op verschillende gebieden, zoals taal, cultuur, onderwijs, handel en landbouw. En Nederlanders gaan niet alleen maar op vakantie naar Indonesië en Suriname. Steeds meer Nederlanders emigreren naar deze landen of gaan er een tijdje werken.

⇨ Technik: Lesen

## d Met z'n tweeën. Een van jullie vertelt met behulp van de mindmap uit c in het Duits waar de tekst over gaat. De ander vult aan. Schrijf drie feiten op die jullie interessant vinden en waar jullie meer over willen weten.

⇨ werkboek 7, 8

# B. India of Indië?

**1** Met z'n tweeën. Bekijk de onderstaande tabel met de favoriete vakantielanden van Nederlanders. Waar gingen de Nederlanders in 2006 en 2016 het meest naartoe? En waar liggen deze landen? Gebruik een kaart en stel elkaar vragen.

| 2006 | 2016 |
|---|---|
| Frankrijk | Duitsland |
| Duitsland | Frankrijk |
| België | Spanje |
| Spanje | België |
| Oostenrijk | Italië |
| Italië | Oostenrijk |
| Griekenland | Verenigd Koninkrijk |
| Verenigd Koninkrijk | Portugal |
| Turkije | Griekenland |
| Verenigde Staten | Turkije |

- In 2006 was het favoriete vakantieland Frankrijk. Frankrijk ligt niet ver van Nederland. Het ligt ten zuiden van België en ten westen van Duitsland. Welk land stond in 2006 op de tweede plaats?
- Dat was Duitsland, maar in 2016 …

⇨ werkboek 9

**2a** In de groep. Wat zijn de droomvakantielanden van je klasgenoten? Loop rond, vraag het hun en maak een top 3. Gebruik een woordenboek of vraag je docent om hulp.

**b** In de groep. Vorm groepjes van vier personen. Kies een land uit de top 3. Waarom is dit land een droomvakantieland? Verzamel argumenten.

**c** EXTRA UITDAGING Zoek topografische feiten over je droomvakantieland op en maak aantekeningen. Vertel daarna aan de klas wat je te weten bent gekomen.

- De hoogste berg van … is … De buurlanden zijn … De hoofdstad heet … en ligt in het noorden/zuiden/westen/oosten. …

## 3 In welke landen kun je de volgende attracties bezoeken?

de Eiffeltoren

Kinderdijk

Ayers Rock

het Atomium

## 4 Aardrijkskundige namen.

| | | | | |
|---|---|---|---|---|
| Denemarken | Deens | de Deen | de Deense | de Denen |
| Nederland | Nederlands | de Nederlander | de Nederlandse | de Nederlanders |
| Engeland | Engels | de Engelsman | de Engelse | de Engelsen |
| Spanje | Spaans | de Spanjaard | de Spaanse | de Spanjaarden |
| India | Indiaas | de Indiër | de Indiase | de Indiërs |

- Geografische Bezeichnungen und alle davon abgeleiteten Wörter werden großgeschrieben: **F**rankrijk – **F**rans – de **F**ransman – de **F**rançaise / de **F**ranse – de **F**ransen – **F**rans-**P**olynesië – Ik houd van **F**rans stokbrood met kaas. – Ze is **F**ranstalig.
- **Lerntipp!** Lerne zu den Ländernamen auch die Bezeichnung der Einwohner und das dazugehörige Adjektiv.

Achte auf den Unterschied zwischen *India* und *Indië*. Die niederländische Bezeichnung *Indië* und das dazugehörige Adjektiv *Indisch* verwendet man für die ehemalige niederländische Kolonie *Nederlands-Indië*. Dieses Gebiet umfasst das heutige Indonesien.

➪ werkboek 10–13

## 5 Waar waren Jaron, Lars en Makana op vakantie? Neem de tabel over in je schrift. Luister dan en vul de tabel aan. ▶ 3

| | Lars | Jaron | Makana |
|---|---|---|---|
| het land | | | |
| de plaats | Egmond aan Zee | | |
| wanneer? / hoelang? | | begin van de vakantie, een paar dagen | |
| de activiteiten | | | rondreizen met een camper |

# C. En hoe was het?

## 1 Welk woord hoort bij welke foto?

het vakantiehuis • de boot • de tent • de caravan • het pension

## 2a Stel je voor dat je in de herfstvakantie een week bij een Nederlandse vriend(in) en zijn/haar gezin logeert. Je ouders zijn ook op vakantie en sturen je het onderstaande kaartje. Lees het kaartje en schrijf sleutelwoorden en hun Nederlandse vertalingen op.

Hallo Yael, Offenberg, 29. September

wie geht es dir? Hast du schöne Ferien? Sprichst du viel Niederländisch?

Wir sind inzwischen im Bayerischen Wald angekommen. Wir stehen hier mit unserem Wohnmobil auf einem schönen Zeltplatz im Grünen. Zum Zelten ist es jetzt wirklich schon zu kalt. Dir würde es sicher nicht so gut gefallen, denn wir wandern jeden Tag. Für uns ist es toll! Abends grillen wir ab und zu oder gehen in ein Restaurant in der Nähe.

Vorher waren wir ein paar Tage in München. Dort hatten wir eine schöne kleine Pension. Die Stadt ist fantastisch, aber es waren viele Leute unterwegs. Sie wollten alle auf das Oktoberfest. Du wirst es nicht glauben, aber wir sind nicht hingegangen und haben stattdessen einige Kunstmuseen besucht. Du bist bestimmt nicht traurig, dass du in Helmond bist.

Grüß alle lieb von uns! Bis bald,
deine Mama und dein Papa

90

Yael Fischer
p.a. familie Cruijssen
Coornhertstraat 33
5704 BF Helmond
Niederlande

**b** Met z'n tweeën. Vertel je vriend(in) in het Nederlands wat je ouders zoal beleven. Gebruik je sleutelwoorden uit a.

➪ Technik: Sprachmitteln

**c** EXTRA UITDAGING Met z'n tweeën. De vader van je Nederlandse vriend(in) wil van alles weten over de vakantie van je ouders. Beantwoord met behulp van het kaartje zijn vragen.

1. Waar zijn je ouders op vakantie?
2. Kamperen je ouders? Waar slapen ze?
3. Hoelang waren ze in München?
4. Vinden je ouders het leuk?
5. Wat vinden je ouders op vakantie leuk om te doen?

## 3a Met z'n tweeën. Wat is een goede aanhef en wat is een goede slotformule van een kaartje of een informele brief?

Groeten Dag Hallo Lieve
Groet Liefs Groetjes Beste Hoi

- Nach der Anrede folgt auf Postkarten und in Briefen immer ein Komma. Das erste Wort des Textes beginnt trotzdem mit einem Großbuchstaben. Auch nach der Grußformel steht ein Komma.
- *Lieve* und *Liefs* verwendet man nur bei sehr engen Freunden und Familienmitgliedern.

## b Met z'n tweeën. Wat schrijf je zoal op een vakantiekaartje? Maak een lijst.

- aanhef
- waar je bent
- ...
- slotformule

## 4a Beantwoord de vragen. Schrijf hele zinnen op in je schrift.

1. Wanneer was je leukste vakantie?
2. Waar was je?
3. Met wie was je op vakantie?
4. Waar logeerden jullie?
5. Wat hebben jullie gezien?
6. Wat hebben jullie gedaan?

## b Schrijf een kaartje aan een van je klasgenoten. Maak gebruik van je antwoorden in a. Geef het kaartje aan je klasgenoot.

⇨ Technik: Schreiben

## c Lees het kaartje van je klasgenoot. Je wilt het kaartje aan een vriend/vriendin laten zien die geen Nederlands spreekt. Vertel hem/haar in het Duits wat op het kaartje staat.

⇨ werkboek 14

## 5 De *f*/*v*- en *s*/*z*-wisseling.

| In einer Silbe steht nach dem Vokal am Silbenende niemals ein *v* oder *z*. Ein *v* wird zu f, und ein *z* wird zu *s*: | Stehen *f* und *s* innerhalb einer Silbe nach dem Vokal am Silbenende, so werden sie am Silbenanfang oft – aber nicht immer – zu *v* bzw. *z*: | |
|---|---|---|
| schrij-**ven** – ik schrij**f**, hij schrij**ft** – geschre-**ven** | de brie**f** – de brie-**ven** | de fotogra**af** – de fotogra-**fen** |
| le-**zen** – ik lee**s**, ze lee**st** – gele-**zen** | het hui**s** – de hui-**zen** | de men**s** – de men-**sen** |
| | lie**f** – lie-**ver** – het lie-**ve** kind | |
| | vie**s** – vie-**zer** – het vie-**ze** water | |

Steht im Infinitiv eines Verbs ein *v* oder *z*, aus dem im Partizip Perfekt und im Imperfekt *f* bzw. *s* wird, dann endet das Partizip trotzdem auf *-d* und das Imperfekt auf *-de(n)*: *proeven – proef – geproe**fd** – proe**fde**(n), reizen – reis – gerei**sd** – rei**sde**(n)*

⇨ werkboek 15

# Aan de slag!

**a** Denk aan een keer dat je één of meerdere dagen weg was van huis, bijvoorbeeld op schoolreis of op vakantie. Schrijf vijf zinnen erover op.

**b** In de groep. Vorm groepjes van vier personen. Lees om de beurt een van de zinnen uit a voor. Schrijf samen na elke zin woorden of zinsdelen op die bij een van de onderstaande onderwerpen passen.

| weer | vervoer | verblijf | activiteiten |
|---|---|---|---|
| | | | |

**c** Kies een woord of zinsdeel uit b en schrijf het op het bord. Lees alle woorden/zinsdelen op het bord en bespreek met je klasgenoten hun betekenis.

**d** Met z'n tweeën. Bekijk de onderstaande vakantiefoto's. Stel je voor dat jullie samen op deze plekken op vakantie waren. Bedenk details en maak bij elke foto aantekeningen over de vier onderwerpen in b.

**e** Met z'n tweeën. Kies een van de foto's in d. Schrijf samen bij de foto een verslag in een reisdagboek. Maak gebruik van je aantekeningen uit d. Gebruik het imperfectum.

> Lief reisdagboek,
> Vandaag waren we ... Dit was erg leuk, maar ook best ... Het weer was niet erg mooi. Het was koud en ... 's Middags gingen we naar ... Toen ... Na het avondeten ... Ik heb al veel zin in morgen, want dan gaan we ...

**f** Met z'n tweeën. Lees jullie verslag voor. Jullie klasgenoten raden welke foto erbij hoort.

**g** Lees je zinnen uit a nog eens. Schrijf dan over deze reis een verslag in een reisdagboek.

⇨ Technik: Schreiben

nach Produkten und Preisen fragen • ein Gespräch in einem Geschäft oder an einem Marktstand führen • sagen, was man gern/ungern isst • ein Telefongespräch führen

# 2 Lekker eten

**Waar koop je wat? Neem de tabel over in je schrift en vul hem aan.**

de kaas • het brood • de komkommer • de tomaten • de vleeswaren • de bananen • de melk • de appels • de biefstuk • de aardbeien • de chocolademelk • de aardappels • de kipfilet • het gebak • de druiven • de zalm • de spinazie • de eieren • de courgette • het gehakt • de peren • de yoghurt • de worst • de sla • de broodjes • de wortels • de cake • de haring • de boter • de uien • de krabsalade

| de groenteboer | de melkboer | de visboer | de slager | de bakker |
|---|---|---|---|---|
| | | | | |

**Pelle gaat met zijn moeder naar de markt. Luister en schrijf op.** 4

1. marktkramen waar Pelle en zijn moeder boodschappen doen
2. bedragen die ze moeten betalen
3. levensmiddelen die Pelle en zijn moeder kopen

⇨ Technik: Hören

# A. Een pond tomaten, alstublieft

## 1 Luister nog eens en lees mee. 4

### Op de markt.

**Pelle:** Mam, wat eten we vandaag? Ik heb echt zin in iets lekkers.
**moeder:** Ik weet het nog niet. Heb jij een idee?
**Pelle:** Ik lust wel pasta met spinazie en zalm.
**moeder:** Prima. Maar dan moeten we langs de markt om boodschappen te doen.
**Pelle:** Echt? Daar heb ik niet zo veel zin in. Kun je niet alleen gaan?
**moeder:** Kom op! Wees blij dat we een keertje iets met z'n tweetjes kunnen doen. We kunnen ook nog samen ergens iets lekkers gaan drinken.
**Pelle:** Nou, oké. Vooruit dan maar.
**moeder:** Gezellig! Het duurt ook niet lang. We moeten alleen naar de groenteboer en de visboer.

...

**verkoper:** Goedemiddag mevrouw, zegt u het maar!
**moeder:** Ik wil graag twee kilo verse spinazie, een pond tomaten en vier uien.
**verkoper:** Anders nog iets, mevrouw?
**moeder:** Zijn de aardappels in de aanbieding?
**verkoper:** De kruimige aardappels zijn in de aanbieding.
**moeder:** Wat kosten die?
**verkoper:** Een kilo voor € 1,–.
**moeder:** Doet u maar twee kilo.
**verkoper:** Natuurlijk, anders nog iets? We hebben ook heerlijk fruit.
**moeder:** Wil je misschien aardbeien, Pelle? Die zien er lekker uit, toch? Hoe duur is een doos aardbeien, meneer?
**verkoper:** Een doos is € 2, maar twee doosjes zijn slechts € 3,50.
**moeder:** Pakt u dan maar twee doosjes in voor ons.
**verkoper:** Bedankt, anders nog iets?
**moeder:** Dat was het.
**verkoper:** Dat is dan € 11,40 bij elkaar.
**moeder:** Alstublieft, € 15.
**verkoper:** Met 60 cent is 12 en 3 is 15. Bedankt mevrouw, en een fijne dag verder.

...

**moeder:** Hallo! We hebben zalm nodig.
**verkoopster:** Dat komt goed uit. De zalm is vandaag voor € 11,50 per pond in de aanbieding.
**moeder:** Heb je alleen maar hele zalm? We wilden eigenlijk zalmfilet.
**verkoopster:** Zalmfilet heb ik ook, die ligt hier.
**moeder:** Geef maar vier stuks. We eten vanavond pasta met zalmfilet en lekker verse spinazie.
**verkoopster:** Heerlijk, hoor. Anders nog iets?
**moeder:** Doe nog maar drie ons krabsalade. Dat is lekker bij de lunch.
**verkoopster:** Vergeet dan niet hiernaast bij de bakkerskraam verse broodjes te halen.
**moeder:** Wat een goed idee! Wat krijg je van me?
**verkoopster:** Wegwezen! Hier krijgen jullie niets!
**moeder:** Heb je nog steeds zo'n last van die zwerfkatten?
**verkoopster:** Ja, ze zijn zo brutaal. Nou, de vis is € 22,50 in totaal.
**moeder:** Prima! Ik heb het ook nog gepast.
**verkoopster:** Fantastisch, bedankt! En eet smakelijk!
**Pelle:** Mam, hoelang duurt het nog? We wilden snel naar de markt en dan nog lekker wat drinken.
**moeder:** Alleen nog naar de melkboer en langs de slager.
**Pelle:** De volgende keer ga ik niet mee.
**verkoopster:** Wie is er aan de beurt? Wat mag het zijn, mevrouw?
**moeder:** Graag twee ons Parmezaanse kaas en tien eieren.
**verkoopster:** Natuurlijk. Mag het een beetje meer zijn? Zo'n 220 gram?
**moeder:** Ja, hoor, geen probleem.
**verkoopster:** Anders nog iets?
**moeder:** Nee, bedankt. Dat was het.
**verkoopster:** Even kijken, dat is dan € 5,20 bij elkaar.
**moeder:** Alstublieft.
**verkoopster:** Met € 4,80 is 10. Bedankt.
**moeder:** Tot ziens. Ga maar op dat terrasje daar zitten en bestel alvast twee ijsthee voor ons. Ik loop nog snel langs de slager.
**Pelle:** Doe ik. Tot zo!

## 2 Wie zegt wat? Neem de tabel over in je schrift. Lees de dialogen in 1 nog eens en vul de tabel aan.

… is/zijn vandaag in de aanbieding. • Anders nog iets? • Bedankt en een fijne dag verder. • Dat is dan … bij elkaar. • Dat was het. • Doe / Doet u maar … • Een kilo voor … • Geef / Geeft u maar … • Graag … • Ik heb het ook nog gepast. • Ik wil graag … • Is/Zijn … in de aanbieding? • Mag het een beetje meer zijn? • Wat kost/kosten …? • Wat krijg je / krijgt u van me? • Wat mag het zijn? • Wie is er aan de beurt? • Zeg / Zegt u het maar! • Heb je …? / Heeft u …?

| de verkoper/verkoopster | de klant |
|---|---|
| Anders nog iets? | |

➪ werkboek 1–3

## 3a Met z'n tweeën. Hoe zeg je de onderstaande zinnen in het Duits? Hoe noem je de vorm van het werkwoord in deze zinnen? Wanneer gebruik je deze vorm?

**Kom** op!
**Zegt** u het maar!
**Doet** u maar drie kilo aardappels.
**Doe** maar vier ons oude kaas.

Pelle en Mette, **eet** smakelijk!
**Ga** maar op dat terrasje daar zitten.
**Pakt** u maar twee doosjes in voor ons.
**Wees** blij!

## b Bekijk de zinnen in a nog eens. Neem de regels voor de imperatief over in je schrift en vul ze aan.

Endung *-t* • Pronomen *u* • *zijn* • Verbstamm • Verbstamm

- Der Imperativ entspricht dem ___, egal ob die Aufforderung an eine oder mehrere Personen gerichtet ist.
- Die formelle Form des Imperativs besteht aus dem ___ und der ___ zusammen mit dem ___.
- Das Verb ___ hat einen unregelmäßigen Imperativ (*wees / weest u*).

➪ werkboek 4

## 4 Wat zit waarin? Neem de tabel over in je schrift en vul hem aan.

de suiker • de limonade • de snoep • de pindakaas • de thee • het water • de chocopasta • de honing • de olie • de drop • de pasta • de muesli • het sap • de jam • de azijn • de rijst • de koekjes • de ketchup • de beschuit • de mosterd • de vla • de hagelslag • de chips • de cola

| in een pak | in een fles | in een pot | in een zakje |
|---|---|---|---|
| de suiker | | | |

**5** Met z'n tweeën. **Leerling A werkt met de onderstaande informatie, leerling B werkt met de informatie op pagina 110. Een van jullie doet boodschappen op de markt, de ander werkt als verkoper/verkoopster bij een marktkraam. Maak gebruik van de zinnen uit 2.**

**situatie 1:** Je doet boodschappen bij de melkboer. Je hebt € 15. Probeer zoveel mogelijk producten van je boodschappenlijst te kopen.

**situatie 2:** Jij bent verkoper/verkoopster bij een marktkraam en je verkoopt fruit en groente. Help je klant.

➪ Technik: Gespräche führen

*boodschappenlijst*
*2 liter halfvolle melk*
*1 beker yoghurt naturel*
*1 beker yoghurt aardbei*
*300 g Goudse kaas*
*10 eieren*
*200 g geraspte kaas*
*1 bakje nootjes*

➪ werkboek 5, 6

# B. Het eten is klaar!

**1a** Ken je de onderstaande woorden of kun je hun betekenis raden? Zoek de onbekende woorden op in een woordenboek.

boterham • leverworst • karnemelk • lekkerbek • vanillevla • stamppot • hutspot • jus • rookworst • vruchtenhagel • smeerkaas • snert • erwtensoep

**b** Wat hebben Jeppe, Clara en hun docente gisteren gegeten en gedronken? Neem de tabel over in je schrift. Luister dan en vul de tabel aan. ▶ 5

| | Jeppe | Clara | docente |
|---|---|---|---|
| ontbijt | een banaan en een glas water | ▬ | ▬ |
| lunch | ▬ | een broodje gezond, water | ▬ |
| tussendoortje | ▬ | ▬ | fruit en een paar crackers met kaas |
| avondeten | ▬ | ▬ | ▬ |

**c** Met z'n tweeën. Stel je voor dat je op bezoek was in de klas van Jeppe en Clara. Thuis wil je een Duitse vriend over de les vertellen. Gebruik de tabel uit b en vertel in het Duits wat de leerlingen en de docente hebben gegeten. Leg uit wat voor gerechten/levensmiddelen het zijn.

⇨ Technik: Sprachmitteln

**2a** Met z'n drieën. Denk na over je eetgewoontes. Wat lust je (niet)? Praat met elkaar en schrijf de gerechten en dranken op die jullie noemen.

- Wat eet je graag?
- Ik eet graag pasta met spinazie. En jij? Wat vind jij lekker?
- Ik vind vissticks lekker. En jij, Martin?
- Ik houd niet van …

- Wat lust je niet?
- Ik lust geen haring. Vind jij haring lekker?
- Ja, maar ik lust spruitjes niet. Houd jij van koffie, Peggy?
- Ja, ik houd erg van koffie. Drink jij graag …

**b** Hebben jullie in a gerechten genoemd die uit de regio komen waar je vandaan komt en die je niet zomaar naar het Nederlands kunt vertalen? Stel je voor dat je deze gerechten aan een Nederlandse vriend/vriendin wilt beschrijven. Kies twee gerechten en leg schriftelijk uit wat ze zijn. Je kunt ook uit de onderstaande gerechten kiezen.

Pinkel • Himmel und Erde • Printen • Labskaus • Rote Grütze • Reibekuchen • Mehlpütt mit Birnen • Weckmann

⇨ werkboek 7–11

## 3 Wat hoort bij elkaar?

1. Een bakker is een persoon …
2. Dit is het boek …
3. Ik eet niets …
4. Dit is de groenteboer …
5. Gehakt is vlees …

a. waarin het recept voor snert staat.
b. van wie ik een appel heb gekregen.
c. wat ik niet ken.
d. die elke dag vroeg opstaat.
e. dat heel fijn gemalen is.

## 4a Met z'n tweeën. Bekijk de zinnen met relatieve pronomina en de bijbehorende regels. Vergelijk het gebruik van de relatieve pronomina in het Nederlands en in het Duits. Wat zijn de overeenkomsten en verschillen?

Dit zijn **de boterhammen** die ik vanmiddag eet, en dat is **de broodtrommel** waarin ik ze bewaar.

Het liefst eet ik **de hagelslag** die geel, roze en oranje gekleurd is.
Stamppot bestaat uit **aardappels en groenten** die je in een grote pan moet stampen.
Een broodje gezond is **een broodje** dat met ham en kaas is belegd.
De leerlingen schrijven **alles** op wat ze eten.

- Das Relativpronomen *die* verweist auf *de*-Wörter und Wörter im Plural.
- Das Relativpronomen *dat* verweist auf *het*-Wörter im Singular.
- Das Relativpronomen *wat* verweist auf Wörter, die nicht näher bestimmte Dinge bezeichnen (*alles*, *iets*, *niets*, *veel*, *weinig*).

Ik maak stamppot altijd **in deze pan**. – Dit is **de pan** waarin ik stamppot maak. / Dit is de pan waar ik altijd stamppot in maak.
Lisa is **met twee andere leerlingen** naar de kantine gegaan. – Dit zijn **de leerlingen** met wie Lisa naar de kantine is gegaan.

- In Kombination mit einer Präposition werden die Relativpronomen *wie* und *waar-* verwendet.
- Auf Wörter, die Dinge bezeichnen, verweist man mit *waar-* + Präposition (zusammengeschrieben oder durch andere Wörter getrennt).
- Auf Wörter, die Personen bezeichnen, verweist man mit Präposition + *wie* (nicht zusammengeschrieben).

**!** In Verbindung mit *waar-* wird *met* zu *mee*: *We beginnen* ***met het nieuwe onderwerp.*** *– Dit is* ***het nieuwe onderwerp waarmee*** *we beginnen. / Dit is* ***het nieuwe onderwerp waar*** *we* ***mee*** *beginnen.*

## b Zoek in de zinnen in 3 de relatieve pronomina. Waar verwijzen ze naar?

⇨ werkboek 12–14

## 5a Lees de technische beschrijving van het kaasmaken. Welke zinnen begrijp je niet? Schrijf de bijbehorende regelnummers op.

### HOE KOMEN TOCH DIE GATEN IN DE KAAS?

Een van de favoriete levensmiddelen van Nederlanders is kaas. Nederland kent veel verschillende soorten kaas, maar vooral harde kazen zoals Goudse, Leerdammer, Maasdammer en Edammer zijn wereldberoemd. Planken vol met grote, gele, ronde kazen: die plaatjes kent bijna iedereen. Of je naar de markt, de kaasboerderij of de supermarkt gaat, overal vind je een gigantisch aanbod van diverse kazen.

Om één kilo kaas te maken, is er tien liter melk nodig. De melk wordt in een kaastobbe tot 29 graden verwarmd. Daarna wordt het *stremsel* (enzymen die uit de maag van kalveren afkomstig zijn) en het *zuursel* (melkzuurbacteriën die voor de gaten in de kaas zorgen) toegevoegd. Uit dit mengsel ontstaat dan de zogenaamde *wrongel*, een massa samengeklonterde eiwitten. Na een tijd snijden en opwarmen blijft vocht (de *wei*) over dat vervolgens afgetapt wordt. Daarna voegt de kaasmaker eventueel nog kruiden en specerijen toe, zoals komijn, kruidnagel of brandnetels.

De wrongel wordt hierna in de vorm van kazen geperst en in een pekelbad gelegd. Het zout dat op deze manier in de kaas trekt, geeft de smaak aan de kaas. Nu volgt het rijpen dat tussen de vier weken en anderhalf jaar kan duren. Hoelang de kaas heeft gerijpt, wordt aangegeven met de woorden *jong*, *jong belegen*, *belegen* en *oud*. Jonge kaas rijpt bijvoorbeeld vier weken, belegen kaas ongeveer vier maanden en oude kaas ligt tien tot twaalf maanden op de planken. Hoe ouder de kaas, hoe pittiger en hoe hoger het zoutgehalte.

## b Met z'n tweeën. Bespreek de zinnen die jullie niet begrijpen. Schrijf samen maximaal 16 onbekende woorden op. Probeer achter de betekenis van deze woorden te komen door de onderstaande strategieën toe te passen.

betekenis afleiden uit de context • foto's bekijken • met woorden uit andere talen vergelijken

## c Met z'n tweeën. Zoek de overgebleven woorden op in een woordenboek. Schrijf de onderstaande informatie op.

betekenis • werkwoord: sterk of zwak? / (on)regelmatig? • nomen: *de*-woord of *het*-woord? / pluralis • bijzonderheden in de spelling • bijzonderheden in de uitspraak

⇨ Technik: Mit dem Wörterbuch arbeiten

## d Lees de tekst nog eens. Maak aantekeningen waarmee je de tekst in het Duits kunt samenvatten.

## 6 In de groep. De grote kaasproef.

Vorm groepjes van vier personen en neem samen een stukje (Nederlandse) kaas mee naar de les. Vertel niet hoe jullie kaas heet. Jullie docent geeft, zonder dat er iemand kan meekijken, ieder stukje kaas een nummer. Loop dan rond, bekijk de kazen en proef ze. Welke kaas ziet er het lekkerst uit? Welke kaas is de lekkerste? Schrijf de resultaten op het bord. Welke kaas vinden de meeste van jullie het lekkerst? En hoe heten de kazen?

⇨ werkboek 15–16

# C. Ik wil graag eten bestellen

## 1a Luister naar het telefoongesprek. Wat is goed/fout? 6

1. Anouk wil eten bestellen bij cafetaria *De gezellige hoek*.
2. De bestelling is voor het avondeten.
3. Bij *De gezellige hoek* kun je kiezen uit vier sauzen.
4. Je kunt er pinnen of met een creditcard betalen.

**b** EXTRA UITDAGING **Verbeter de foute zinnen uit a in je schrift.**

## 2a Zet de zinnen in de rechterkolom in de juiste volgorde. Luister dan of je het goed hebt gedaan. 6

1. Goedenavond. Cafetaria *De gezellige hoek*. Met Anouk.
2. Tuurlijk. Zeg het maar!
3. Eén kapsalon en één falafelschotel. Welke saus wil je erbij?
4. We hebben sambal, knoflooksaus en yoghurtsaus.
5. Wil je nog iets te drinken erbij?
6. Staat genoteerd. Kom je het hier ophalen of zullen we het komen bezorgen?
7. Die is € 2,50 extra.
8. En hoe laat ben je er?
9. Ja, hoor, dat redden we. Op welke naam mag ik het zetten?
10. En heb je een telefoonnummer voor mij?
11. Je kunt contant betalen of pinnen. Je bestelling is in totaal € 18,50.
12. Ik heb genoteerd voor Saïd: één kapsalon, één falafelschotel, sambal en knoflooksaus, één ayran en één cola. En je komt het zelf ophalen tegen half acht. Tot zo!

a. Ja, hoor. Een colaatje en een ayran, graag.
b. Wat kost de bezorging?
c. Welke sauzen zijn er?
d. Hallo. Met Saïd. Ik wil graag eten bestellen.
e. Ik wil graag één kapsalon en één falafelschotel bestellen.
f. Ja, dat is 06 23 22 32 55. Hoe kan ik betalen?
g. Doe dan maar sambal en knoflooksaus, alsjeblieft.
h. Dan kom ik het wel even ophalen. Geen probleem.
i. Prima. Dank je wel.
j. Op Saïd Nouri.
k. Is over een half uurtje goed?
l. Bedankt. Dag.

**b** EXTRA UITDAGING **Zoek op *wikipedia.nl* het gerecht kapsalon op. Uit welke ingrediënten bestaat het? Waarom heeft het deze naam? Wil je dit gerecht ook een keer eten? Waarom (niet)?**

## 3a Stel je voor dat je met je gezin op bezoek bent bij Nederlandse vrienden. Het is vrijdagavond. De zoon/dochter van het Nederlandse gezin en jij willen gezellig voor de tv eten. Bij wijze van uitzondering mag het. Bekijk de onderstaande website en beantwoord de vragen.

www.degezelligehoek.nl

### Cafetaria *De gezellige hoek*

1

**Menu**

- Grillgerechten
- Salade
- Vegetarische gerechten
- Patat & snacks
- Extra's
- Desserts
- Frisdrank

| | |
|---|---|
| patat zonder | € 1,90 |
| patat met | € 2,20 |
| patat speciaal | € 2,50 |
| patat pindasaus | € 2,50 |
| patat appelmoes | € 2,70 |
| frikandel | € 1,90 |
| frikandel speciaal | € 2,50 |
| **kroket** | € 1,90 |
| groentekroket | € 2,20 |
| kaassoufflé | € 2,20 |
| kipsaté | € 7,00 |
| bamischijf | € 2,50 |

kroket: € 1,90

Bestel je eten online
of bel ons: 010 539 26 37

1. Welke snacks ken je niet? Ga op internet op zoek naar informatie over deze snacks. Zoek ook foto's.
2. Wat vind je lekker?
3. Wat eet je liever niet?
4. Zijn er ook snacks voor mensen die geen vlees eten?
5. Jullie hebben € 10 voor twee personen. Wat bestel je?

**b** Met z'n tweeën. Je broertje/zusje wil ook mee-eten, maar hij/ze spreekt geen Nederlands. Vertel hem/haar in het Duits wat op de website in a staat.

**c** EXTRA HULP Lees de dialoog in 2 nog eens en schrijf op.

Was kann man auf Niederländisch sagen, …

1. … wenn man sich am Telefon meldet?
2. … wenn man Essen bestellen möchte?
3. … wenn man wissen möchte, wie man bezahlen kann?
4. … wenn man sich am Telefon verabschiedet?

**d** Met z'n tweeën. Helaas doet het internet het ineens niet meer. Je wilt daarom de cafetaria bellen en jullie bestelling doorgeven. Bereid samen een telefoongesprek voor. Gebruik de website in a.

**e** Met z'n tweeën. Ga rug-aan-rug zitten en voer een telefoongesprek. Een van jullie belt de cafetaria en plaatst de bestelling. De ander is een medewerker van de cafetaria en neemt de bestelling op. Draai daarna de rollen om.

⇨ werkboek 17–18

# Aan de slag!

**a** **Met z'n drieën.** Jullie zijn op de wekelijkse markt in het fictieve Nederlandse stadje Weldam. Welke marktkramen zijn er en wat kun je er zoal kopen? Maak een lijst.

**b** Op de markt lopen verschillende personen rond. Lees de onderstaande beschrijvingen. Bedenk nog meer personen en beschrijf deze kort. Verzamel de beschrijvingen op het bord.

een man die lekkerbek met friet wil eten

een gezin (vader, moeder, zoon/dochter) die samen koffie willen gaan drinken

een jongen met een boodschappenlijst voor de groenteboer

een meisje dat verdwaald is en naar het station wil

een vrouw die appeltaart wil bakken en daarvoor ingrediënten nodig heeft

twee buitenlandse toeristen die typisch Nederlands eten willen kopen maar niet weten wat dat is

**c** Verdeel alle rollen (de verkopers van de marktkramen uit a en de personen uit b) onder elkaar. Kruip in je rol en schrijf 10 zinnen op die bij je rol horen.

**d** **Met z'n drieën.** Lees om de beurt een van jullie zinnen voor. De anderen verbeteren de zin als het nodig is.

**e** **In de groep.** Zet met z'n allen de markt op in het klaslokaal. Zet stoelen en tafels anders neer en teken borden voor de marktkramen. Speel dan je rol. Loop rond of ga achter je marktkraam staan. Ga in gesprek met zoveel mogelijk andere personen.

➪ Technik: Gespräche führen

# Tussenstop 1

**1 a** Je gaat op vakantie. Wat neem je allemaal mee? Maak een lijstje met dingen die je niet moet vergeten. Gebruik een woordenboek of vraag je docent om hulp.

**b** In de groep. Pak met de hele klas een koffer voor de vakantie. Wie aan de beurt is, herhaalt alle voorwerpen in de juiste volgorde en doet er een nieuw voorwerp bij. Maak bij het noemen van de voorwerpen gebaren die de voorwerpen verduidelijken. Wie een fout maakt, mag niet meer meedoen. Wie het laatst overblijft, wint.

- Ik pak mijn koffer en neem een zwembroek mee.
- Ik pak mijn koffer en neem een zwembroek en een tandenborstel mee.
- Ik pak mijn koffer en neem een zwembroek, een tandenborstel en …

➪ werkboek 1–3

**2** Hoe heten de provincies van Nederland en Vlaanderen? Schrijf de provincies met de bijbehorende hoofdsteden op in je schrift.

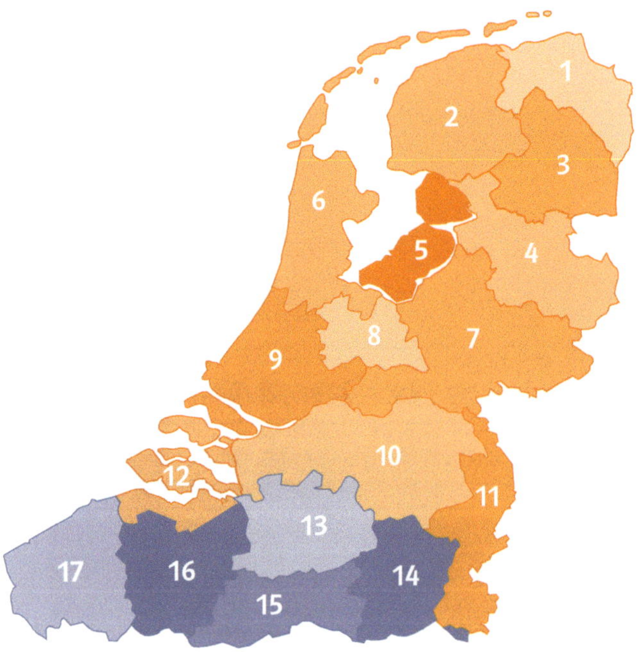


**Nederland:**
Drenthe • Flevoland • Friesland • Gelderland • Groningen • Limburg • Noord-Brabant • Noord-Holland • Overijssel • Utrecht • Zeeland • Zuid-Holland

Arnhem • Assen • Groningen • 's-Gravenhage (Den Haag) • Haarlem • 's-Hertogenbosch (Den Bosch) • Leeuwarden • Lelystad • Maastricht • Middelburg • Utrecht • Zwolle

**Vlaanderen:**
Antwerpen • Limburg • Oost-Vlaanderen • Vlaams-Brabant • West-Vlaanderen

Antwerpen • Brugge • Gent • Hasselt • Leuven

➪ werkboek 4–6

## 3a Bekijk de voorwerpen op de foto. Welke woorden ken je al? Schrijf de woorden met de bijbehorende getallen op in je schrift.

## b Vul nu de nieuwe woorden aan.

het mes • de lepel • de vork • het bord • de kaars • zout en peper

## 4a Bekijk het plaatje van de *Schijf van Vijf*. Schrijf voor elk vakje van de *Schijf van Vijf* zoveel mogelijk levensmiddelen op die je al kent.

## b Wat denk je wat de *Schijf van Vijf* is en waarvoor je hem kunt gebruiken?

## 5a Zoek de onderstaande woorden op in een woordenboek.

kraanwater • hulpje • duurzaam • tussendoor • variëren • volkoren • milieu • maximaal • voedingsstof

## b Lees de tekst. Welk woord uit a hoort in welk gaatje? Schrijf de woorden in de juiste vorm op in je schrift.

### De Schijf van Vijf: goed voor jou en de wereld

Kiezen wat gezond en lekker is én goed voor het (1) ____ – dat hoeft niet ingewikkeld te zijn. Om dat te laten zien heeft het Voedingscentrum een (2) ____ gemaakt: de *Schijf van Vijf*. Op deze grote plaat staat wat goede keuzes zijn om te eten en te drinken. Als je elke dag genoeg uit elk vak eet, krijg je voldoende voedingsstoffen binnen die je nodig hebt om te groeien, sterk te worden en gezond te blijven. Ook helpt de *Schijf van Vijf* je om duurzamer te eten. Je varieert, je eet niet meer dan je nodig hebt, eet minder (rood) vlees en kiest vaker voor (seizoens)groente, noten en peulvruchten. Die keuzes zijn beter voor het milieu. En je bent aardig voor de dieren.

#### Voedingsstoffen

Je lijf heeft om fit te blijven en goed te groeien voedingsstoffen en vezels nodig. Met (3) ____ bedoelen we: koolhydraten, vetten en eiwitten, maar ook vitamines, mineralen en spoorelementen. Voedingsvezels zijn ook belangrijk. Ze zorgen ervoor dat je darmen goed werken.

#### Wat staat er in de Schijf van Vijf?

- Eet lekker veel groente en fruit. (4) ____ met kleur.
- Vet heb je nodig. Tenminste, de goede vetten uit bijvoorbeeld olijfolie of zachte margarine.
- Elke dag vlees eten is niet nodig. Wissel af met (5) ____ vis, ongezouten noten, bruine bonen, linzen, kikkererwten of eieren.
- Kies vooral (6) ____. Denk aan volkoren brood, volkoren pasta of zilvervliesrijst.
- Drink genoeg! Geen limo's en sapjes vol suiker, maar (7) ____ of thee zonder suiker.

#### Wat staat er niet in de Schijf van Vijf?

Snoep, koek en frisdrank vind je niet in de *Schijf van Vijf*. Al die zoetigheden zijn namelijk niet gezond. Iets te snacken of te snoepen mag, maar liever niet te veel en niet te vaak. Kies elke dag (8) ____ drie tot vijf keer iets kleins buiten de *Schijf van Vijf*. Iets kleins is bijvoorbeeld een koekje, stukje chocolade, zoet beleg of een lepel ketchup. Ook kun je maximaal drie keer per week iets groters kiezen buiten de *Schijf van Vijf*, zoals een stuk taart, een zakje chips of een glas frisdrank. Dus, als je zin hebt in iets te eten (9) ____, verwen jezelf dan vooral met al die lekkere dingen die in de *Schijf van Vijf* staan: snacktomaatjes, reepjes paprika, een handje ongezouten noten, een volkoren boterham ruim belegd met allerlei fruit, een tosti of een bakje halfvolle yoghurt. Allemaal prima keuzes.

➪ Technik: Lesen

## c EXTRA UITDAGING Lees de tekst in b nog eens. Maak een poster met de belangrijkste wetenswaardigheden en tips over gezond eten. Gebruik ook foto's of tekeningen.

**6a** Met z'n tweeën. Stel je voor dat leerlingen van jullie partnerschool in Nederland op bezoek komen bij jullie op school. Ze gaan in de schoolkantine eten. Wat kun je in jullie schoolkantine zoal kopen? Maak voor jullie gasten een Nederlandse menukaart voor de schoolkantine.

**b** EXTRA UITDAGING Met z'n tweeën. Bekijk het aanbod van jullie schoolkantine en vergelijk het met de *Schijf van Vijf*. Is het aanbod gezond? Hoe kunnen jullie het aanbod verbeteren?

**7a** Wat eet jij graag? Schrijf een recept in het Nederlands op een los blaadje. Gebruik de imperatief. Je docent verzamelt de recepten en geeft vervolgens iedereen een recept.

**b** Lees het recept dat je gekregen hebt. Is het een recept voor een gezond gerecht? Lijkt het gerecht je lekker? Waarom?

**c** Lees het recept nog een keer en onderstreep alle imperatieven. Kijk dan of deze goed zijn. Zo niet, schrijf de juiste vorm in de kantlijn. Schrijf ook op wat je niet begrijpt.

**d** Je krijgt je recept terug. Verbeter de tekst en schrijf hem op een A4'tje. Gebruik ook foto's of tekeningen. Voeg alle recepten in de klas samen en maak er een mooi kookboek van.

**e** Kies een van de recepten in het kookboek. Vertel je ouders in het Duits wat je ervoor nodig hebt en hoe je het gerecht bereidt. Je kunt het gerecht ook samen met je ouders koken. Is het lekker?

**Lerntipp!** In vielen niederländischen Supermärkten gibt es kostenlose Kundenzeitschriften (z. B. *Allerhande* bei Albert Heijn und *Hallo* bei Jumbo) mit vielen Rezepten und einfach verständlichen Artikeln rund um Essen und Haushalt. Nimm dir solche Zeitschriften aus den Niederlanden mit oder lass sie dir mitbringen. Albert Heijn hat auch eine kostenlose App mit Rezepten: *Appie*.

werkboek 7, 8

**8** Je hoort een van de onderstaande begrippen. Je hebt dan één minuut de tijd om alle woorden op te schrijven die in je opkomen. Daarna hoor je het volgende begrip. 7

activiteiten in de vakantie
Europese landen
Nederlandse snacks
gezonde levensmiddelen
ongezonde levensmiddelen

werkboek 9

jemanden einladen • auf eine Einladung reagieren • Wünsche und Glückwünsche formulieren • etwas begründen

# 3 Gefeliciteerd!

**Luister naar de liedjes en lees mee. Wanneer worden deze liedjes gezongen? Luister nog eens en zing mee.** ▶ 8

Er is er een jarig, hoera, hoera
Dat kun je wel zien dat is zij
Dat vinden wij allen zo prettig ja ja
En daarom zingen wij blij
Zij leve lang hoera hoera
Zij leve lang hoera hoera
Zij leve lang hoera hoera

Lang zal ze leven
Lang zal ze leven
Lang zal ze leven in de gloria
In de gloria
In de gloria
Hiep hiep hoera!
Hiep hiep hoera!
Hiep hiep hoera!

⇨ werkboek 1

# A. Er is er een jarig

## 1 Lees de uitnodiging en beantwoord de vragen.

Hallo Charmee,

Het is tijd voor een feestje! Ik ben bijna jarig, en dat al voor de **15e keer**!

Op **zaterdag 1 juli** vier ik mijn verjaardag. Ik wil je daarom van harte uitnodigen om vanaf **17.30 uur** bij ons thuis in de tuin te vieren (Willemskade 53 in Leeuwarden).

Ik hoop dat je kan komen!

Tot 1 juli!

*Cas*

PS. Als je niet kan komen, laat het me even weten – 06 324 432 33. Een appje mag ook.

1. Wat viert Cas?
2. Wanneer is het feestje?
3. Waar is het feestje?
4. Wat doe je als je niet kunt komen?

## 2 Lees de uitnodiging nog eens. Wat hoort er bij elkaar?

1. Ik hoop dat je kan komen.
2. Ik laat het je weten.
3. Ik ben jarig.
4. Ik vier mijn verjaardag.
5. Ik wil je van harte uitnodigen.

a. sagt man, wenn man Geburtstag hat.
b. sagt man, wenn man seinen Geburtstag feiert.
c. sagt man, wenn man hofft, dass jemand kommt.
d. sagt man, wenn man jemanden einlädt.
e. sagt man, wenn man jemandem Bescheid sagt.

## 3 Luister en beantwoord de vragen. ▶ 9

1. Julian …
a. geeft Cas een bioscoopbon.
b. geeft Cas geen cadeautje.
c. heeft nog geen cadeautje voor Cas gevonden.

2. Charmee …
a. wil weten wat Cas graag wil hebben.
b. gaat een bioscoopbon kopen.
c. heeft al een cadeautje voor Cas gekocht.

3. Cas wil graag een keer …
a. een spelletje op zijn mobiel spelen.
b. naar de bioscoop.
c. strandzeilen.

4. Om het cadeau voor Cas te kopen, moet Charmee …
a. naar Haarlem.
b. naar Wijk aan Zee of op internet kijken.
c. naar de winkel.

## 4a Luister nog eens en lees mee. Welke woorden ken je niet? Probeer de betekenis van de nieuwe woorden uit de context af te leiden. 9

### Aan de telefoon.

**Julian:** Met Julian.
**Charmee:** Hoi, met Charmee. Ik heb net een mailtje met de uitnodiging voor de verjaardag van Cas gekregen. Jij ook?
**Julian:** Nee, maar wacht ik kijk even. … Ja, ik ook. Vet! We gaan zeker barbecueën.
**Charmee:** Gaaf! Ik zit over een cadeautje na te denken. Heb jij misschien een idee? Jij bent zijn beste vriend.
**Julian:** Niet echt. Ik heb zelf al moeite om een cadeautje te vinden. Het is altijd moeilijk om iets voor hem te verzinnen. Heb je helemaal geen idee?
**Charmee:** Nee, maar dat verbaast me ook niet, want ik ben niet zo creatief. Ik geef meestal een bioscoopbon of een cadeaubon voor een spelletje op de telefoon.
**Julian:** Dat is toch ook goed. Dat vindt hij echt heel leuk. En misschien neemt hij jou dan mee naar de bios.
**Charmee:** Ja, natuurlijk, maar hij viert zijn verjaardag bijna nooit. Dan kunnen we hem deze keer toch wel iets bijzonders geven. Misschien kunnen we ook met z'n allen iets leuks doen. Wat vind je daarvan?
**Julian:** Dat is een goed plan. Wacht even. Er schiet me net te binnen dat hij laatst zei dat hij een keer wil strandzeilen.
**Charmee:** Strandzeilen, wat is dat?
**Julian:** Nou, hoe moet ik dat uitleggen? Het wordt ook wel blokarten genoemd. In principe is het zeilen, maar dan op het strand. Je zit in een soort driewieler met een groot zeil en je racet over het strand.
**Charmee:** En kan je dat hier in de buurt doen?
**Julian:** Ja, hoor, in de buurt van Haarlem. In Wijk aan Zee is een strandtent waar je volgens mij cadeaubonnen kan kopen. Misschien kunnen we ook via internet een cadeaubon kopen.
**Charmee:** Hartstikke leuk idee. Ik zoek even uit hoe duur het is, en dan vertellen we het aan de anderen. Misschien wil nog iemand meedoen.
**Julian:** Maartje en Tom doen vast wel mee. Ik zal ze zo even appen.
**Charmee:** Ja, doe maar. Maar maak dan een nieuwe appgroep aan. Anders leest Cas het nog.
**Julian:** Tuurlijk, hoor. Wat denk jij dan?! Later!
**Charmee:** Doei.

**b** EXTRA UITDAGING Met z'n tweeën. Verdeel de rollen in de dialoog in a onder elkaar. Oefen eerst zachtjes je eigen rol. Lees de dialoog dan samen hardop voor.

---

## 5a Wat wil jij graag voor je verjaardag hebben? Maak een verlanglijstje.

**b** En wat voor cadeautjes geef jij als iemand jarig is? Schrijf alles op wat in je opkomt. Gebruik een woordenboek of vraag je docent om hulp.

een vriend/vriendin • je ouders • je broer/zus • je huisdier • je oma/opa

⇨ werkboek 2–6

**6a** Zet de woorden in de juiste volgorde en schrijf de zinnen op in je schrift. Er zijn vaak meerdere mogelijkheden.

1. geeft • verjaardag • Charmee • zijn • voor • een • Cas • cadeaubon — *Charmee ...*
2. uitnodiging • gekregen • Charmee • een • heeft • Cas • van — *Charmee ...*
3. Charmee • niet • wist • strandzeilen • wat • is — *Charmee ...*
4. weet • dat • Charmee • uitnodiging • gekregen • een • heeft • Julian — *Julian ...*

**b** Met z'n tweeën. Vergelijk jullie zinnen uit a. Onderstreep daarna de hoofd- en bijzinnen met verschillende kleuren en markeer alle werkwoorden.

**7a** Met z'n tweeën. Hoe zeg je de onderstaande zinnen in het Duits? Schrijf de Nederlandse en Duitse zinnen onder elkaar op in je schrift. Vergelijk de woordvolgorde in de hoofd- en bijzinnen tussen het Nederlands en het Duits.

| hoofdzin | bijzin |
|---|---|
| Cas is op 1 juli jarig. | |
| Cas heeft Charmee **voor zijn verjaardag** uitgenodigd. | ← *Verb* |
| Cas heeft Charmee uitgenodigd **voor zijn verjaardag**. | *finites Verb* |
| Charmee belt | omdat Cas gauw jarig is. |
| Julian is blij | dat Cas hem **voor zijn verjaardag** uitnodigt. |
| Julian is blij | dat Cas hem uitnodigt **voor zijn verjaardag**. |

**g** Die Wortstellung im Niederländischen entspricht oft der im Deutschen: Im Hauptsatz steht das finite Verb an zweiter Stelle, alle anderen Verben stehen am Satzende. Im Nebensatz stehen alle Verben am Satzende. Präpositionalgruppen (Präposition + Nomen) stehen jedoch häufig noch nach dem Verb am Satzende.

**b** Met z'n tweeën. Hoe zeg je de onderstaande zinnen in het Duits? Schrijf de Nederlandse en Duitse zinnen onder elkaar op in je schrift. Vergelijk de volgorde van de vetgedrukte werkwoorden tussen het Nederlands en het Duits.

Charmee is blij dat ze een uitnodiging **heeft gekregen**.
Charmee is blij dat ze een uitnodiging **gekregen heeft**.

Charmee is blij dat ze **kan komen**.
(Charmee is blij dat ze **komen kan**.)

Julian heeft Charmee **kunnen helpen**.

⇨ werkboek 7

**g**
- Stehen im Niederländischen mehrere Verben (finites Verb, Partizip und/oder Infinitive) am Satzende, kann sich deren Reihenfolge von der im Deutschen unterscheiden.
- Steht das finite Verb zusammen mit einem Partizip oder Infinitiv am Satzende, dann sind normalerweise beide Abfolgen möglich. Die Abfolge mit einem Infinitiv vor dem finiten Verb ist allerdings weniger gebräuchlich.
- Stehen zwei Infinitive am Satzende, dann ist die Reihenfolge genau andersherum als im Deutschen.

## 8 Bekijk de zinnen met de conjuncties *om, want* en *omdat*. Neem de regels over in je schrift en vul ze aan.

Adjektiv • Hauptsatz • Nebensatz • Infinitiv • Ziel • Grund • *weil* • *denn*

Charmee belt **om** iets te vragen.
Charmee gaat naar Wijk aan Zee **om** het cadeau te kopen.

Ik heb moeite **(om)** het juiste cadeau te vinden.
Het is moeilijk **(om)** iets leuks te bedenken.

Ik ben te moe **om** te werken.

- Die Konjunktion *om* steht vor *te* + ___.
- Wenn mit *om* ein ___ oder ein ___ angegeben wird (wie mit dem deutschen *um*), muss *om* stehen. In anderen Fällen kann es weggelassen werden.
- Nach *te* + ___ steht immer eine Konstruktion mit *om* + *te* + Infinitiv.

Ik wil graag nieuwe inlineskates, **want** mijn oude inlineskates zijn kapot.

Ik wil graag nieuwe inlineskates **omdat** mijn oude inlineskates kapot zijn.
**Omdat** ik niet graag lees, vraag ik nooit een boek voor mijn verjaardag.

- Die Konjunktion *want* leitet einen ___ ein und entspricht der deutschen Konjunktion ___.
- Die Konjunktion *omdat* leitet einen ___ ein und entspricht der deutschen Konjunktion ___.

## 9 Met z'n tweeën. Bekijk samen jullie lijsten uit 5a en 5b. Wat vind je een leuk cadeau en wat vind je helemaal geen leuk cadeau? Leg aan je partner uit waarom je iets wel of niet leuk vindt. Gebruik *want* en *omdat*.

- Wat geef je een vriendin voor haar verjaardag als ze 14 wordt?
- Ik denk dat ik haar een boek van mijn favoriete schrijfster geef, want dan kunnen we erover praten.
- Dat vind ik helemaal geen leuk cadeau.
- Waarom niet?
- Omdat jullie dan iets doen wat jij leuk vindt, maar zij misschien niet. Ik …

werkboek 8–10

# B. Prettige feestdagen!

## 1 a Wat hoort bij elkaar?

Kerstmis • Valentijnsdag • de geboorte • Bevrijdingsdag • Koningsdag • de diploma-uitreiking • Prinsjesdag • sinterklaasavond • Pasen • carnaval • oud en nieuw • de verjaardag

- In den Niederlanden werden Kinder häufig zu Hause geboren. Wenn Mutter und Kind zu Kräften gekommen sind, kommen Familie, Freunde, Nachbarn, Kollegen und andere Bekannte *op kraamvisite*, um den neuen Erdenbürger zu bestaunen. Traditionell wird den Gästen dann *beschuit met muisjes* (Zwieback mit gezuckerten Anissamen) in Rosa/Weiß oder Blau/Weiß gereicht.
- Am *Bevrijdingsdag* ist dem Gedenken der Befreiung von der nationalsozialistischen Besatzung am Ende des Zweiten Weltkriegs gewidmet.
- Der *Prinsjesdag* ist der jährliche Beginn der parlamentarischen Arbeit in den Niederlanden. Der König / Die Königin liest dann die Thronrede vor.

**b** Met z'n tweeën. **Weet je wanneer de feesten in a worden gevierd? Schrijf waar mogelijk de datum op.**

## 2 Wat hoort bij elkaar?

1. de verjaardag
2. de diploma-uitreiking
3. Pasen
4. Kerstmis
5. oud en nieuw

a. Proficiat!
b. Gelukkig nieuwjaar!
c. Vrolijk Pasen!
d. Van harte gefeliciteerd met je verjaardag!
e. Prettige kerstdagen!

## 3 Wat vieren deze personen? Wanneer en met wie vieren ze dat? Welke felicitaties/wensen worden er geuit? Welke cadeautjes worden er gegeven? Neem de tabel over in je schrift. Luister dan en vul de tabel aan. 10

| | Tim | Danielle en Gerben | Patricia, Paul en Lieke |
|---|---|---|---|
| de feestdag | | zilveren bruiloft | |
| de datum | | | |
| de feestgangers | twee families | | |
| de felicitatie/wens | | | |
| het cadeau | – | tweede huwelijksreis naar Berlijn | een pak Pfefferkuchen en een fles Punsch |

Wenn man in den Niederlanden zu einer Geburtstagsfeier geht, dann gratuliert man nicht nur dem Geburtstagskind, sondern auch den anderen Familienmitgliedern: *Gefeliciteerd met de verjaardag van je broer!* Um Geburtstage nicht zu vergessen, haben viele Niederländer einen Geburtstagskalender, der häufig an der Innenseite der Toilettentür hängt.

werkboek 11, 12

## 4 Welke zin hoort bij welke foto?

a. Ze staan te dansen.
b. Ze loopt hapjes uit te delen.
c. Ze zit een cadeau uit te pakken.
d. Hij ligt lekker te slapen.

- Um auszudrücken, dass eine Handlung in einer bestimmten Körperhaltung ausgeführt wird, verwendet man eine Form der Verben *liggen/lopen/staan/zitten* zusammen mit *te* und einem Infinitiv: *Hij* ***staat te bellen.*** / *Ze* ***zit te lezen.***
- Im Perfekt verwendet man *liggen/lopen/staan/zitten* im Infinitiv und ohne *te*: *Hij* ***heeft liggen slapen.***

werkboek 13

## 5a EXTRA HULP Wat weet je nog over het Koninklijk Huis in Nederland? De onderstaande woorden helpen je bij het verzamelen van informatie.

Koninkrijk der Nederlanden • staatshoofd • Koning Willem-Alexander • 2013 • drie prinsessen

## b Lees de alinea's van de tekst en zet ze in de juiste volgorde.

### Oranje boven!

a. Op Koningsdag mag iedereen zonder vergunning op straat spullen verkopen die hij of zij niet meer nodig heeft. Op de zogenaamde vrijmarkt kan je behalve een heleboel nutteloze rommel ook af en toe iets bijzonders vinden dat je niet in de winkel kan krijgen. Ook worden er veel openluchtfestivals met muziek, toneel en dans gehouden die iedereen iets te bieden hebben.

b. Het grootste verjaardagsfeest in Nederland is Koningsdag. Dit is een nationale feestdag. Op 27 april wordt de verjaardag van koning Willem-Alexander gevierd. Overal in Nederland versieren mensen dan hun huizen en straten en hangen de vlag uit.

c. De koninklijke familie viert Koningsdag op een andere manier. Sinds 2015 bezoekt de familie dan één gemeente in Nederland waar een defilé – een grote parade – wordt gehouden. Dit wordt live op tv uitgezonden, zodat de gemeente zich aan het hele land kan presenteren.

d. Koningsdag wordt op verschillende manieren gevierd. Het feest begint eigenlijk al de avond ervoor. Vooral jonge mensen gaan op deze avond stappen. In de grote steden is dit een traditie waarbij de alcohol rijkelijk vloeit en op straat en in de kroegen wordt gedanst. Deze avond noemt men ook wel Koningsnacht.

## c In de groep. Vorm groepjes van vier personen. Verdeel de alinea's van de tekst in b onder elkaar. Bedenk een vraag met drie antwoordmogelijkheden over je alinea. Geef daarna je vraag aan de anderen in je groepje en beantwoord de vragen die je hebt gekregen. Controleer samen jullie antwoorden.

## d EXTRA UITDAGING Stel je voor dat het bijna 27 april is. Je leest op sociale media dat je Nederlandse vrienden zich voorbereiden op Koningsdag en de vrijmarkt. Schrijf een reactie. Ga in op de onderstaande punten.

- Lijkt het je leuk om ook een keer Koningsdag in Nederland te beleven? Waarom (niet)?
- Wat zijn de verschillen tussen Koningsdag en de nationale feestdag in Duitsland (3 oktober)?

⇨ werkboek 14, 15

# C. Het is feeeeeeest!

**1 a** Stel je voor dat je een klasgenoot schriftelijk voor een feest wilt uitnodigen. Wat schrijf je in de uitnodiging? Maak aantekeningen bij de onderstaande punten.

feest • plaats • datum • tijd • belangrijke woorden

**b** Schrijf nu je uitnodiging op een los blaadje. Je docent is de postbode en geeft iedereen een uitnodiging.

**c** Lees de uitnodiging die je hebt gekregen en beantwoord hem. Maak gebruik van de onderstaande zinnen. Je docent is weer de postbode.

| Je kunt naar het feest gaan. | Je kunt niet naar het feest gaan. | Je weet nog niet of je naar het feest kunt gaan. |
|---|---|---|
| • Bedankt voor je uitnodiging voor …<br>• Ik kom graag op je feestje.<br>• Het lijkt me erg leuk …<br>• Wat wil je graag hebben?<br>• Mag ik iemand meenemen? | • Ik vind het erg jammer, maar …<br>• Het spijt me, maar …<br>• Helaas moet ik afzeggen omdat …<br>• Jammer genoeg kan ik niet op … | • Ik wil heel graag komen, maar …<br>• Ik weet helaas nog niet of ik kan komen, want …<br>• Ik laat het je zo snel mogelijk weten. |

➪ Technik: Schreiben

**2** Stel je voor dat je uitgenodigd bent voor een verjaardagsfeest. Schrijf een elfje of haiku voor de jarige job of jet. Bekijk eerst de voorbeelden.

| | |
|---|---|
| verjaardag | één woord over het feest |
| vijftien jaar | twee woorden die iets met het feest te maken hebben |
| een schitterend feest | drie woorden over het feest of de jarige job/jet |
| alle gasten roepen hard | vier woorden over één (bijv. jezelf) of meerdere personen |
| gefeliciteerd | één afsluitend woord |
| | |
| Koos wordt vijftien jaar | vijf lettergrepen |
| een feest op de boerderij | zeven lettergrepen |
| dansen in de stal | vijf lettergrepen |

➪ werkboek 16–18

# Aan de slag!

**a** **Jullie vieren een verjaardagsfeest. Lees de onderstaande rollen. Bedenk nog meer rollen zodat er in totaal half zoveel rollen zijn als leerlingen in jullie klas. Verdeel de klas in twee groepen. Verdeel in de twee groepen de rollen onder elkaar.**

**PERSOON 1**
Je bent vandaag jarig. Hoe oud je wordt, mag je zelf bedenken. Je geeft thuis een groot feest voor je familie, vrienden, buren en kennissen.

**PERSOON 2**
Je bent de vader van de jarige. Je wilt alles doen om ervoor te zorgen dat het feest een groot succes wordt, maar je bent ook bang dat dingen kapotgaan.

**PERSOON 3**
Je bent de beste vriend/vriendin van de jarige. Je hebt met zijn/haar vader het feest georganiseerd. Helaas ben je nu ziek en kun je niet zo lang blijven.

**PERSOON 4**
Je bent de moeder van de jarige. Je hebt eigenlijk niet zo veel zin in het feest omdat je het liever alleen met de familie wilt vieren. Maar misschien wordt het toch nog leuk?

**PERSONEN 5 EN 6**
Jullie zijn de nieuwe buurkinderen van de jarige. Jullie zijn twee weken geleden in deze stad komen wonen en kennen nog helemaal niemand. Maar dat gaat zeker snel veranderen.

**PERSOON 7**
Je bent een vriend/vriendin van de jarige. Je sport heel fanatiek en hebt net nog getraind. Daarom ben je niet op tijd op het feest.

**PERSOON 8**
Je bent een broer/zus van de jarige. Je bent verliefd op een van de vrienden/vriendinnen van je broer/zus. Hoe kun je met hem/haar in gesprek komen? Wat vertel je zoal?

**PERSONEN 9 EN 10**
Een van jullie is een broer/zus van de jarige. De andere is zijn/haar nieuwe vriend/vriendin die vandaag aan de familie wordt voorgesteld. Dat is best spannend en er kan van alles misgaan.

**b** **Lees je rol en denk na wat je op het feest allemaal zegt en doet. Schrijf een aantal vragen en andere zinnen op. Denk bijvoorbeeld aan de onderstaande taalhandelingen.**

iemand begroeten • iemand feliciteren • jezelf / iemand anders voorstellen • vertellen hoe het met je gaat • eten/drinken aanbieden • vertellen wat je graag doet • vertellen waar je op vakantie bent geweest • iemand bedanken • afscheid nemen

**c** Met z'n tweeën. **Werk samen met je klasgenoot uit de andere groep die dezelfde rol heeft. Bespreek jullie zinnen uit b. Verbeter jullie zinnen en vul ze aan.**

**d** In de groep. **Vier het verjaardagsfeest. Kruip in je rol, loop rond en ga in gesprek met zoveel mogelijk andere personen.**

⇨ Technik: Gespräche führen

Kleidungsstücke einkaufen • um Rat fragen und jemandem einen Rat geben • über den Gesundheitszustand sprechen und Krankheitssymptome beschreiben

# 4 Lichaamstaal

## Welk woord beschrijft welk soort kleding?

sportief • comfortabel • hip • netjes • casual

1. Een pak met een overhemd en stropdas is ____.

2. Sportkleding en gympen zijn ____.

3. Een muts gecombineerd met een zonnebril is ____.

4. Een trui en een spijkerbroek zijn ____.

5. Ruim zittende kleren noemt men ____.

# A. Waar zijn de paskamers?

**1** Kijk rond. Wie draagt wat? Wat voor andere kledingstukken zijn er? Gebruik een woordenboek of vraag je docent om hulp.

de broek • de rok • het T-shirt • de blouse • de laarzen • de jurk • de slippers • het vest • de jas

- Wat draagt Abel vandaag?
- Abel draagt een T-shirt, een broek en slippers.

- En wat heeft Erin aan?
- Erin heeft …

---

**2a** EXTRA HULP Welke kleuren hebben de T-shirts? Schrijf de kleuren in het Nederlands op in je schrift.

**b** In de groep. Eén leerling zegt de zin *Ik zie, ik zie wat jij niet ziet en het is …* en noemt telkens de kleur van een kledingstuk van een klasgenoot. De andere leerlingen raden om welk kledingstuk van welke leerling het gaat. Wie het juiste antwoord geeft, is dan aan de beurt.

- Ik zie, ik zie wat jij niet ziet en het is rood.
- Is het de rok van Frieda?
- Nee.
- Is het de trui van Enis?
- Ja. Jij bent aan de beurt.
- Ik zie, ik zie wat jij niet ziet en het is …

---

**3** Wanneer draag je wat? Schrijf de kledingstukken op in je schrift.

1. Als ik naar het strand ga, draag ik ___.
2. Voor een feestje van een vriend trek ik ___ aan.
3. Op school draag ik ___.
4. Als ik me thuis ontspan, draag ik ___.
5. In bed heb ik ___ aan.

➪ werkboek 1–3

---

**4** Luister en zet de foto's in de juiste volgorde. ▶ 11

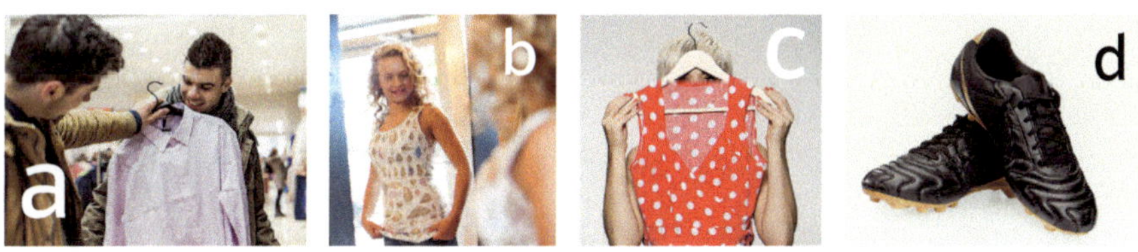


➪ Technik: Hören

## 5a Luister nog eens en lees mee. Welke woorden ken je niet? Probeer de betekenis van de nieuwe woorden uit de context af te leiden. 11

### In de kledingwinkel.

Elin: Wat vind je van deze broek, Han?

Hanne: Wil je het echt weten?! Nou, hij lijkt een beetje krap. Als ik jou was, zou ik toch een maatje groter nemen.

Elin: Vind je? Ik vind eigenlijk dat hij juist heel goed zit.

Hanne: Als je dat vindt, schatje, dan moet je hem maar kopen.

Elin: Nou, nu weet ik het niet meer. Misschien zit hij inderdaad een beetje strak. Ik ga maar een andere broek passen, oké?

Hanne: Doe maar, lieverd. Ik blijf hier wel even wachten.

### In het warenhuis.

vader: Goedenavond. We zoeken herenkleding.

verkoopster: Die vindt u op de derde verdieping, meneer.

…

vader: We zoeken een blauw overhemd. We hebben dit gevonden, maar de mouwen zijn te kort. Hebt u nog andere overhemden?

verkoopster: Ja. Welke maat hebt u nodig?

vader: Dat weten we niet precies. Mijn zoon heeft tot nu toe maat S gedragen, maar ik denk dat die te klein wordt.

verkoopster: Wat vind je van een geruit of gestreept overhemd?

Justus: Ik wil liever effen blauw.

verkoopster: Dit bijvoorbeeld? Wil je het passen?

Justus: Ja, graag. Waar zijn de paskamers?

verkoopster: Daar, helemaal achterin.

### In de sportzaak.

verkoper: Hallo.

Jan: Hoi. Ik heb gisteren deze voetbalschoenen gekocht, maar ze zitten toch niet goed. Zou ik ze kunnen ruilen?

verkoper: Dat kan, maar we geven geen geld terug. Je krijgt een tegoedbon. Maar je kan natuurlijk ook een andere maat proberen.

Jan: Heb je ze misschien nog een maatje kleiner?

verkoper: Ik ga even voor je kijken. Een ogenblik, alsjeblieft. … Maat 42 heb ik hier.

Jan: Zou ik ze nog even kunnen passen?

verkoper: Natuurlijk.

### In de boetiek.

verkoopster: Goedemiddag, mevrouw. Kan ik u helpen?

oma: Ik ben op zoek naar een jurk voor mijn kleindochter.

verkoopster: De jurken zijn hier. Welke maat heeft uw kleindochter?

oma: Ik denk maat M. Ze is 15 en draagt nooit jurken, maar mij lijkt dat erg leuk.

verkoopster: Wat vindt u van deze jurk met stippen? Die verkopen we best vaak aan jonge dames. Hij staat altijd erg goed.

oma: Mooi. Hebt u deze ook in het rood?

verkoopster: Ja, die hangt hier. Alstublieft.

oma: Bedankt. Hij ziet er wel erg groot uit. Zou ik hem mogen ruilen als hij niet past?

verkoopster: Ja, hoor. Dat is geen probleem.

**b** EXTRA UITDAGING **Met z'n tweeën.** Kies een van de dialogen in a en verdeel de rollen onder elkaar. Oefen eerst zachtjes je eigen rol en probeer de zinnen te onthouden. Voer de scène daarna op in de klas of neem een film op met je mobiele telefoon of een camera.

## 6 Wie zegt wat? Neem de tabel over in je schrift. Lees de dialogen in 5 nog eens en vul de tabel aan.

Waar zijn de paskamers? • Goedemiddag. Kan ik u helpen? • Welke maat hebt u nodig? • Ik ben op zoek naar … / Ik zoek … • Hebt u nog andere …? • De mouwen zijn te kort. • Je krijgt een tegoedbon. • Zou ik … kunnen ruilen? • Heb je … misschien nog een maatje kleiner/groter? • … vindt u op de … verdieping. • Zou ik … nog even kunnen passen? • Maat … heb ik hier. • Wat vindt u van deze …? • Hebt u … ook in het …? • Ik ga even voor je kijken. Een ogenblik, alsjeblieft.

| de verkoper/verkoopster | de klant |
|---|---|
| | Waar zijn de paskamers? |

## 7 Wat hoort bij elkaar?

te wijd • te lang • te kort • te krap

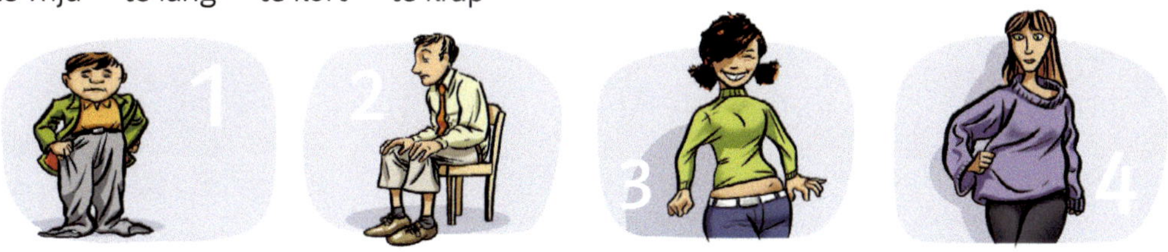


⇨ werkboek 4–7

## 8a Met z'n tweeën. Hoe zeg je de onderstaande zinnen in het Duits? Geef in het Duits aan wat de functie van de vetgedrukte werkwoorden in deze zinnen is.

Ik **zou** toch een maatje groter nemen.
**Zouden** we hem kunnen ruilen?
**Zou** maat 36 niet te klein zijn?
Ik **zou** maat M kunnen proberen.
**Zouden** deze laarzen me staan?
Ik **zou** hem niet kopen.
**Zou** ik deze schoenen even kunnen passen?
Als ik een nieuwe jurk **zou** zoeken, **zou** ik naar de Bijenkorf gaan.
Als ik een nieuwe jurk nodig **had**, **ging** ik naar de Bijenkorf.

## b Bekijk de zinnen in a nog eens. Neem de regels voor *zou/zouden* + infinitief over in je schrift en vul ze aan.

Infinitiv • *zou* • Zweifel • Imperfekt • *zouden* • Wunsch

| Infinitiv | Präsens | *zou/zouden* + Infinitiv |
|---|---|---|
| kopen | ik koop | ik zou kopen |
| gaan | we gaan | we zouden gaan |

- Die Formen ____ (im Singular) und ____ (im Plural) treten zusammen mit dem ____ des Hauptverbs auf.
- Die Konstruktion wird verwendet, um ____ deutlich zu machen, eine Meinung oder einen ____ zu äußern oder um auszudrücken, dass etwas unwirklich oder von einer Bedingung abhängig ist.
- Zum Ausdruck der Unwirklichkeit oder der Abhängigkeit von einer Bedingung kann auch das ____ verwendet werden.

⇨ werkboek 8–11

# B. Beterschap!

## 1 a Welk lichaamsdeel hoort bij welk plaatje? Schrijf de lichaamsdelen op in je schrift. Schrijf daarna bij elk lichaamsdeel alle werkwoorden op die in je opkomen. Gebruik een woordenboek of vraag je docent om hulp.

de hand • de voet • de mond • de neus • het oor • het oog

1. 
2. 
3. 
4. 
5. 
6. 

### b Wat hoort er nog meer bij je lichaam? Als je van een lichaamsdeel er meer dan één hebt, schrijf dan meteen de pluralis op.

het hoofd • het been • de arm • de vinger • de rug • de buik • de hals • het gezicht

➩ werkboek 12

## 2 Zet de zinnen in de rechterkolom in de juiste volgorde. Luister dan en vergelijk. ▶ 12

1. Hallo. Hoe gaat het met je?
2. Wat is er aan de hand?
3. Wat is er gebeurd?
4. Waar heb je precies pijn?
5. Ben je alleen hiernaartoe gekomen?
6. We gaan van je been en arm een foto maken en dan zien we wel weer verder.
7. Ik denk ongeveer anderhalf uur.

…

8. Ik heb helaas geen goed nieuws.
9. Met je been moet je het even rustig aandoen. Maar in principe is alleen de enkel een beetje verstuikt. Met deze zalf moet je je been en voet insmeren.
10. Dat valt tegen, want je arm is gebroken.
11. Je kan waarschijnlijk vier tot zes weken niet fietsen, maar je kan wel naar school.
12. De verpleger gaat nu het gipsverband aanleggen. Beterschap!

a. Oké. Hoelang gaat dat duren? We hebben vandaag nog een toets voor Engels.
b. Wat stom! Dan moet ik elke dag met de bus.
c. Op weg naar school fiets ik altijd door een woonwijk. Vanmorgen rende er opeens een hond uit een tuin. Ik moest heel hard remmen en ben toen over mijn stuur gevallen.
d. De moeder van een vriendin heeft me gebracht. Mijn vader komt me zo ophalen.
e. Dat valt mee, dokter. Maar wat is er met mijn arm?
f. Nou, het gaat niet zo goed.
g. O, nee. Zegt u het maar.
h. Mijn rechterbeen en mijn voet doen pijn en ook mijn rechterarm doet zeer. Ik kan nauwelijks meer lopen en ik kan mijn schoen helemaal niet meer aantrekken.
i. Nee, toch. Kan ik dan nog wel fietsen en naar school?
j. Ik ben vanmorgen van mijn fiets gevallen.
k. Goed, dan wacht ik even.
l. Dank u wel voor uw hulp, dokter.

➩ werkboek 13, 14

## 3 Lees de zinnen en vul de regels over de reflexieve pronomina aan.

Ik kleed **me** aan.
Je kleedt **je** aan.
U kleedt **u/zich** aan.
Hij/Ze kleedt **zich** aan.
We kleden **ons** aan.
Jullie kleden **je** aan.
Ze kleden **zich** aan.

Das Reflexivpronomen der 3. Person ist ____. In der 2. Person Plural verwendet man ____, in der 2. Person (formell) ____ oder ____.
Alle anderen Reflexivpronomen sind identisch mit den entsprechenden (unbetonten) ____ pronomen (Objekt).

⇨ werkboek 15

## 4 Wat is het juiste antwoord?

1. Ik heb kiespijn. Wat moet ik doen?
a. Je moet meer drinken.
b. Ga naar de tandarts.
c. Blijf een paar dagen in bed.

2. Driemaal daags neemt u één tablet.
a. Lekker.
b. Mijn arm doet pijn.
c. Dat zal ik doen.

3. Wat raadt u me aan, dokter?
a. Ik zou gewoon zo doorgaan met snoep eten.
b. Ik kan u echt niet helpen.
c. Doe een tijdje rustig aan.

4. Ik wil graag een afspraak bij dokter Post maken.
a. Kunt u vanmiddag langskomen?
b. Beterschap!
c. Pas op! Het doet pijn.

## 5a Bekijk de klachten in de woordenwolk. Zoek de woorden die je niet kent op in een woordenboek. Beeld dan een van de klachten uit. De rest van de klas raadt om welke klacht het gaat.

slapeloosheid hoofdpijn wespensteek hooikoorts
koorts overspannen kiespijn rugpijn
keelpijn griep verkouden hoesten
altijd moe

## b Met z'n tweeën. Een van jullie kiest een van de klachten uit a. De ander geeft advies. Gebruik *zou/zouden* + infinitief. Draai daarna de rollen om.

- Ik heb last van hoofdpijn. Wat zou jij doen?
- Als ik jou was, zou ik wat meer water drinken. En misschien zou ik een aspirientje nemen.

⇨ werkboek 16, 17

# C. Klaar voor de start? Af!

## 1a Beantwoord de onderstaande vragen schriftelijk.

1. Beweeg je elke dag minstens een half uur (bv. fietsen, zwemmen of stevig wandelen)?
2. Doe je minstens drie keer per week aan sport waarbij je buiten adem raakt (bv. voetballen, hardlopen)?
3. Hoe ga je naar je school?
4. Beweeg je op school? Zo ja, hoe en wanneer?
5. Denk je dat je voldoende beweegt?

*Ik fiets elke dag ... Twee keer per week voetbal ik en twee keer per week ga ik ...*
*Ik ... elke dag naar school. Op school ... Ik denk dat ik ...*

## b Met z'n tweeën. Bespreek jullie antwoorden uit a. Welke overeenkomsten en verschillen zijn er?

## 2a Lees de tekst. Zoek in elke zin de belangrijke informatie. Schrijf steekwoorden op in je schrift.

### Samen sporten met Olympic Moves

Olympic Moves laat scholieren tussen de 12 en 19 jaar kennismaken met diverse vormen van sport en laat hen het plezier van samen sporten beleven. Er doen inmiddels ruim 300 middelbare scholen aan mee, wat bijna de helft is van alle scholen in Nederland. Olympic Moves bestaat sinds 2003 en is uitgegroeid tot de grootste schoolsport-competitie van Nederland.

*De competitie bestaat uit vier fases:*

1. WERVING

Docenten lichamelijke opvoeding (LO) kunnen teams van hun school inschrijven voor deelname aan Olympic Moves. Daarbij kan worden gekozen uit de volgende sporten: atletiek, badminton, floorball, handbal, hockey, korfbal, minitrampoline, softball, streetball, streetdance, tennis, ultimate frisbee, veldloop, voetbal, volleybal, zaalvoetbal. Iedereen kan meedoen!

2. SELECTIES

De docent LO stelt teams per sport samen.

3. REGIONALE FINALES

De geselecteerde teams worden afgevaardigd naar de regionale finales, waarin ze strijden om een felbegeerde plek in *The School Final*.

4. THE SCHOOL FINAL

De winnaars van de regionale finales plaatsen zich voor *The School Final* van Olympic Moves. Gedurende een dag vol sport, plezier en show strijden ze om het kampioenschap voor scholen. Wil je meer weten? Op YouTube vind je video's van Olympic Moves.

## b Met z'n tweeën. Bespreek welke informatie jullie het belangrijkst vinden. Schrijf daarna een samenvatting van de tekst van maximaal 80 woorden.

**3a** Wat vind jij van Olympic Moves? Schrijf steekwoorden in het Duits op.

**b** Stel je voor dat je gymdocent van Olympic Moves heeft gehoord en het programma interessant vindt. Hij/Ze vraagt je om een kort artikel erover voor de schoolkrant te schrijven. Schrijf ongeveer 80 woorden in het Duits. Gebruik de samenvatting uit 2b en je steekwoorden uit a.

➪ Technik: Sprachmitteln

**4a** Lees de onderstaande smoezen van mensen die niet graag bewegen of sporten. Bedenk nog twee andere smoezen en schrijf deze op een vel papier. Hang alle smoezen op in het lokaal.

**b** Lees de smoezen van je klasgenoten. Kies één smoes en schrijf er een antwoord op. Probeer je klasgenoot te motiveren om toch eens te gaan sporten.

**5a** In de groep. Vorm groepjes van vier personen. Pak een groot vel papier (A3 of groter) en verdeel het op de volgende manier in vijf vakken. Verdeel de vier buitenvakken onder elkaar. Schrijf in je vak de antwoorden op de onderstaande vragen.

1. Wat zijn volgens jou de meest populaire sporten in Nederland?
2. Noem twee of drie bekende Nederlandse sporters.
3. Wat komt in je op als je aan Nederland als sportland denkt?

**b** In de groep. Bespreek jullie antwoorden en schrijf in het middenvak een samenvatting ervan.

## 6a Bekijk de tekst en de foto's, maar lees de tekst nog niet. Probeer de onderstaande vragen te beantwoorden.

Waar gaat de tekst over? • Wat weet je over dit onderwerp? • Vind je het onderwerp interessant? • Wat zeggen de foto's over de tekst? • Wat valt op aan de opmaak van de tekst? • Wat betekent de titel?

### Hup Holland Hup!

Niet alleen in Duitsland is men gek op voetbal. Ook in Nederland grijpt de voetbalgekte regelmatig om zich heen. De grote Nederlandse clubs zoals Ajax (Amsterdam), Feyenoord (Rotterdam) en PSV (Eindhoven) vechten ieder jaar in de eredivisie om het landskampioenschap.

Naast de grote belangstelling voor het nationale voetbal is er ook veel interesse voor het internationale voetbal, met name voor het Europees kampioenschap (EK) en het wereldkampioenschap (WK). Nederland was nog nooit wereldkampioen en werd maar één keer Europees kampioen. Dit was in 1988 nadat het Nederlandse elftal in de halve finale met 2-1 van Duitsland had gewonnen. In de finale won Nederland van Rusland.

De voetbalrivaliteit tussen Duitsland en Nederland begon al in 1974. Toen won Duitsland in München met 2-1 van Nederland in de WK-finale. Nog steeds ervaren Nederlandse voetbalfans dit als een groot trauma. Daarom is het ook niet gek dat er in Nederland talloze moppen zijn over voetbal en Duitsland.

*In Duitsland houden ze een inzamelingsactie – voor een goed doel.*

*Wat doet een Duitser na het winnen van een voetbalwedstrijd? –*
*Hij zet zijn Playstation uit.*

Johan Cruijff (1947–2016) wordt gezien als de beste Nederlandse voetballer aller tijden. Door hem kreeg het Nederlandse voetbal eind jaren 60 ook internationale bekendheid. Behalve om zijn goede spel was hij vooral bekend om zijn unieke uitspraken. Zijn taalgebruik wordt Cruijffiaans genoemd.

*"Elk nadeel heb z'n voordeel."*
*"Voordat ik een fout maak, maak ik die fout niet."*
*"Als wij de bal hebben, kunnen hun niet scoren."*

## b Met z'n tweeën. Een van jullie leest de eerste twee alinea's, de ander leest de laatste twee alinea's. Vertel de belangrijkste informatie uit je alinea's aan je partner. Het doel is dat jullie allebei de inhoud van de volledige tekst kennen.

⇨ Technik: Lesen

## c Bespreek de onderstaande vragen in de klas.

1. Heb je ooit een wedstrijd tussen Duitsland en Nederland (op tv) gezien? Wanneer was dat? Wie heeft gewonnen?
2. Als je een wedstrijd tussen Duitsland en Nederland zou kijken, voor wie zou je dan zijn? Waarom?

⇨ werkboek 18, 19

# Aan de slag!

**a** Met z'n tweeën. **Hoe ziet jullie perfecte outfit eruit? Schrijf de kleding en accessoires op die je bij de onderstaande gelegenheden zou willen dragen. Gebruik een woordenboek of vraag je docent om hulp.**

1. een feestje van een vriend/vriendin
2. chillen met vrienden op vrijdagmiddag
3. de bruiloft van je grote broer/zus
4. op school
5. als je helemaal los gaat met je kleding en je vrienden wilt verrassen

**b** Met z'n tweeën. **Schrijf jullie leukste outfit uit a op het bord en bespreek hem met de hele klas.**

**c** Met z'n tweeën. **Stel je voor dat jullie modedesigners zijn en een modeshow voorbereiden. Neem van thuis leuke, gekke, mooie, stoere en/of grappige kleren en accessoires mee. Kleed elkaar ermee aan en schrijf een korte tekst over de outfits. Ga in op de onderstaande punten.**

Wie is het model? • Wie is de designer? • Wat draagt het model (kledingstuk, kleur, motief, stof, bijzonderheden)? • Voor welke gelegenheid is de outfit? • Wat is de prijs van de outfit? • Waar is de outfit te koop?

**d** Met z'n tweeën. **Kies passende muziek voor de presentatie. Oefen het voorlezen van jullie tekst in het tempo van de muziek.**

**e** Met z'n tweeën. **Presenteer jullie outfits op de catwalk. Een van jullie is de presentator, de ander is het model. Draai daarna de rollen om.**

**f** **Bekijk de presentaties van de anderen. Noem twee dingen die je goed vindt. Stel ook een verbetering voor.**

# Tussenstop 2

## 1 a Beantwoord de vragen. Schrijf steekwoorden op.

Hoe vier je je verjaardag met je familie? • Hoe vier je je verjaardag met je vrienden? • Hoe vier je je verjaardag op school? • Vind je een verjaardagsfeest belangrijk? Waarom (niet)? • Vind je cadeaus belangrijk? Waarom (niet)? • Wat eet je op je verjaardag?

## b In de groep. Binnencirkel en buitencirkel.

Verdeel de klas in twee groepen (groep A en groep B). Groep A vormt een cirkel met de gezichten naar buiten (de binnencirkel) en groep B vormt een cirkel daaromheen met de gezichten naar binnen (de buitencirkel). Elke leerling uit groep A staat tegenover een leerling uit groep B. Jullie docent leest de eerste vraag voor. De leerlingen in groep A stellen deze vraag aan de leerlingen in groep B. De leerlingen in groep B hebben één minuut de tijd om te antwoorden. Daarna schuiven de leerlingen in groep B een plaats op. De leerlingen van groep A vertellen nu aan de leerlingen van groep B wat voor informatie ze gekregen hebben. Daarna leest jullie docent de volgende vraag voor, maar deze keer stellen de leerlingen uit groep B de vraag aan de leerlingen uit groep A. Ga op deze manier verder tot alle vragen beantwoord zijn.

## 2 Lees tekst en bekijk de foto's. Welke foto's horen niet bij de tekst? Lees de tekst daarna nog eens. Welke overeenkomsten en verschillen zijn er tussen Nederland en Duitsland?

### Gefeliciteerd met je verjaardag!

In Nederland vieren bijna alle kinderen en jongeren hun verjaardag. Heel belangrijk zijn de $4^e$ en de $18^e$ verjaardag. Op de dag waarop je vier jaar oud wordt, ga je voor het eerst naar school. Kinderen vinden dit heel spannend, maar hebben er meestal ook erg veel zin in.
Als je 18 wordt, ben je meerderjarig. Dan mag je stemmen, autorijden zonder coach (maar wél met rijbewijs), alcohol drinken en bijvoorbeeld een telefoonabonnement zonder toestemming van je ouders afsluiten. Ook moet je dan een aantal zaken regelen. Je moet bijvoorbeeld een eigen zorgverzekering hebben.
Als Nederlanders jarig zijn, komt meestal de familie 's ochtend of 's middags op de koffie. Uiteraard krijgt de jarige cadeaus. Kinderen trakteren vaak op school. Dat betekent dat ze bijvoorbeeld snoep of iets gezonds (zoals snackgroenten of fruitspiesjes) meenemen. 's Middags of in het weekend is er een feest voor de vrienden en vriendinnen van school.
Je feliciteert de jarige over het algemeen persoonlijk, maar er wordt natuurlijk ook wel eens gebeld of een appje, mailtje of bericht op sociale media gestuurd. Als je vergeten bent dat iemand jarig is, dan kun je ook later nog feliciteren: "Nog gefeliciteerd met je verjaardag!"

**3a** Schrijf drie vragen op over de verjaardag van je klasgenoten. Je kunt gebruikmaken van de onderstaande onderwerpen of zelf iets bedenken.

thuis / op school • traktatie • versiering • gasten • cadeaus • activiteiten • eten/drinken

**b** Bespreek de vragen uit a met de hele klas. Verzamel interessante vragen op het bord.

**c** Kies op het bord een vraag die niet van jezelf is. Loop rond en stel je vraag aan minimaal vijf klasgenoten. Schrijf hun antwoorden in steekwoorden op. Vertel daarna wat je te weten bent gekomen.

⇨ werkboek 1–3

---

**4a** Bekijk de website *bevrijdingsfestivals.nl* en zoek antwoorden op de onderstaande vragen. Schrijf hele zinnen op.

1. Wanneer vindt het bevrijdingsfestival plaats?
2. Waar vindt het bevrijdingsfestival plaats?
3. Wat vieren Nederlanders op het bevrijdingsfestival?
4. Waarvoor staat het bevrijdingsvuur symbool?
5. Wie treedt op het bevrijdingsfestival op?

**b** Met z'n tweeën. Bespreek jullie antwoorden uit a. Wat vinden jullie van het bevrijdingsfestival? Vieren jullie een vergelijkbaar feest?

**c** ☆ EXTRA UITDAGING Kies op de website van het bevrijdingsfestival een Nederlandstalige artiest/band die op het vorige bevrijdingsfestival heeft gespeeld of op het volgende speelt. Zoek deze artiest/band op YouTube op en beluister zijn/haar/hun muziek. Kies één nummer dat je leuk vindt en beantwoord de onderstaande vragen. Schrijf steekwoorden op.

Hoe heet de artiest/band? • Waar komt de artiest/band vandaan? • Hoe kun je de muziek beschrijven? • Hoe heet het nummer dat je je hebt gekozen? • Waar gaat het nummer over? • Waarom vind je dit nummer leuk? • Welke nieuwe woorden heb je bij het beluisteren van het nummer geleerd en wat betekenen deze woorden?

**d** ☆ EXTRA UITDAGING Vertel aan de klas iets over de artiest/band uit c. Gebruik je steekwoorden. Laat je klasgenoten het nummer een of meerdere keren beluisteren.

⇨ Technik: Präsentieren
⇨ werkboek 4

## 5 Met z'n drieën. Vertraagd antwoord.

Lees de onderstaande vragen. Schrijf dan zelf nog drie vragen op. Gebruik *zou/zouden* + infinitief. Vorm daarna groepjes van drie spelers. Speler A stelt zijn vijf vragen heel snel achter elkaar aan speler B. Na het stellen van de vragen antwoordt speler B in hele zinnen op alle vragen in dezelfde volgorde en gebruikt daarbij ook *zou/zouden* + infinitief. Speler C neemt de tijd op. Speel om de beurt zodat elke speler één keer de vragen stelt, één keer antwoordt en één keer de tijd opneemt. Vergelijk daarna de tijden. Wie de vragen het snelst heeft beantwoord, wint.

1. Als je morgen jarig zou zijn, wat zou je dan graag willen hebben?
2. Als je twee weken op vakantie zou gaan, waar zou je dan naartoe gaan?
3. Als je ...
4. ...
5. ...

werkboek 5

## 6 Met z'n tweeën. Wat ligt er in je kast?

Neem de onderstaande kasten over op een A4'tje. Schrijf in elk vak in jouw kast een combinatie van kleur en kledingstuk. Elke combinatie mag maar één keer voorkomen. Probeer dan te raden wat er in de kast van je partner ligt. Heb je het goed, mag je nog een keer. Heb je niets gevonden, dan is je partner aan de beurt. Wie als eerste de kast van de ander volledig heeft ingevuld, wint.

**kleuren:** groen, blauw, geel, rood, zwart, wit
**kledingstukken:** jurk, broek, gympen, T-Shirt, jas, vest, trui, pyjama

### jouw kast

| | A | B | C | D | E |
|---|---|---|---|---|---|
| 1 | *een rode trui* | *witte gympen* | | | |
| 2 | | | | | |
| 3 | | | *een gele trui* | | |
| 4 | | | | | *een rode pyjama* |
| 5 | | | | | |

### de kast van je partner

| | A | B | C | D | E |
|---|---|---|---|---|---|
| 1 | | | | | |
| 2 | | | | | |
| 3 | | | | | |
| 4 | | | | | |
| 5 | | | | | |

- Ligt er bij jou in vak B2 een trui?
- Ja.
- Is deze trui rood?
- Nee, helaas. Heb je in vak C5 een broek?
- Nee. Is de trui in vak B2 misschien blauw?
- Ja. Je mag nog een keer.
- Heb je in vak D1 ...

werkboek 6

**7 a** Stel je voor dat je met je ouders op vakantie bent in een vakantiepark in Nederland. Als je met je moeder ontbijt, komt ineens je vader binnen. Er is iets gebeurd. Omdat jij in het gezin de enige bent die Nederlands spreekt, moet je je vader helpen. Luister wat hij zegt en maak aantekeningen. 13

**b** Jullie zijn nu met de auto onderweg naar de dokter. Je moeder rijdt, jij zit met je vader op de achterbank. Denk erover na wat je de dokter gaat vertellen over de blessure van je vader. Schrijf steekwoorden in het Nederlands op. De onderstaande punten helpen je om je verhaal te structureren. Misschien moet je ook nog snel met je mobiel een paar woorden opzoeken in een onlinewoordenboek.

Wie zijn er allemaal mee?
Wat is er gebeurd?
Wanneer is het gebeurd?
Waar heeft je vader pijn?
Wat kan je vader nog wel / niet meer?
Wat hebben jullie na de blessure al gedaan?
Wat wil je vader graag dat er nu gebeurt?

**c** Met z'n tweeën. Jullie zijn nu in het ziekenhuis. Vertel aan de dokter wat er aan de hand is. Gebruik je aantekeningen uit b.

➪ Technik: Sprachmitteln

**d** De dokter heeft je vader onderzocht. Luister naar de dokter en maak aantekeningen. 14

**e** Met z'n tweeën. Vertel aan je vader wat de dokter heeft gezegd en geadviseerd. Je vader wil in ieder geval antwoord op de onderstaande vragen. Gebruik je aantekeningen uit d.

Ist der Knöchel gebrochen?
Wie lange dauert es, bis ich wieder normal laufen kann?
Muss ich Medizin nehmen oder den Knöchel einreiben?
Bekomme ich einen Verband? Warum (nicht)?
Muss ich noch einmal zum Arzt gehen?

➪ Technik: Sprachmitteln
➪ werkboek 7–9

den Charakter einer Person beschreiben •
über Gefühle und Stimmungen sprechen •
Vermutungen und Meinungen äußern •
einen Erzähltext lesen

# 5 Met veel gevoel

## Doe de karaktertest.

*Wilde je altijd al weten wat voor type je bent? Ben je verlegen of impulsief? En hoe kom je op anderen over? Stug of juist hartelijk? Doe nu de test en leer jezelf beter kennen.*

1. Je beste vriend/vriendin mag absoluut niet
   a. saai zijn.
   b. oppervlakkig zijn.
   c. onverschillig door het leven gaan.

2. Andere mensen geven je af en toe een complimentje omdat je
   a. van aanpakken weet.
   b. tactvol reageert.
   c. een goede vriend/vriendin bent.

3. Als je alleen naar een feestje gaat dan
   a. probeer je bekenden te vinden om met hen een praatje te maken.
   b. kom je zelfverzekerd binnen en spreek je meteen onbekende mensen aan.
   c. ga je eerst in een hoekje staan om alles van een afstand te bekijken.

4. Je vriend/vriendin heeft nieuwe kleren gekocht die je lelijk vindt. Wat zeg je?
   a. Je zegt niets omdat je hem/haar niet wil kwetsen.
   b. Je bent heel direct en zegt dat hij/ze zo niet over straat kan.
   c. Je maakt een grapje en hoopt dat hij/ze het zo begrijpt.

# A. Wat voor type ben je?

## 1 a Tel je punten op en lees de beschrijving die bij je score hoort.

| | | | |
|---|---|---|---|
| ***vraag 1:*** | a 2 punten | b 1 punt | c 0 punten |
| ***vraag 2:*** | a 2 punten | b 0 punten | c 1 punt |
| ***vraag 3:*** | a 1 punt | b 2 punten | c 0 punten |
| ***vraag 4:*** | a 0 punten | b 2 punten | c 1 punt |

**Type A: 0 t/m 2 punten**
Je komt op anderen vaak verlegen en wat gereserveerd over. Daarom denken andere mensen soms dat je saai bent. Maar dat is niet zo. Je bent rustig, heel tactvol en attent. Je familie, vrienden en klasgenoten waarderen je vooral omdat je door je rust en kalmte veel bereikt. Bovendien is het spreekwoord *Stille wateren hebben diepe gronden* echt op jou van toepassing.

**Type B: 3 t/m 4 punten**
Je hebt de neiging overal en altijd mensen te willen helpen. Voor je hulp verwacht je niets terug. Daardoor heb je zelden een rustig moment. Je levensmotto is dan ook *Rust roest*. Vrienden en klasgenoten vinden je gevoelig, behulpzaam, loyaal en betrouwbaar. Toch kan je hulpvaardigheid soms slecht uitpakken, bijvoorbeeld als iemand je vertrouwen en hulp misbruikt.

**Type C: 5 t/m 6 punten**
Anderen zien je als een opgewekte en innemende persoonlijkheid. Je bent aardig en geestig. Men wil graag met je omgaan omdat je iedereen met je levensvreugde blij maakt. Soms leidt je avontuurlijke instelling en spontaniteit tot irritaties bij anderen, maar door je vrolijke glimlach verdwijnen die meestal snel. Je motto is dan ook *Een dag niet gelachen, is een dag niet geleefd*.

**Type D: 7 t/m 8 punten**
Je wil altijd alles efficiënt en zo goed mogelijk doen. Je bent een perfectionist. Je klasgenoten werken graag met je samen omdat ze altijd op je kunnen rekenen. Maar je bent niet altijd even geduldig. Als iets je niet bevalt dan ben je erg direct – het gezegde *Spreken is zilver, zwijgen is goud* ken je niet. Je voelt je snel verantwoordelijk en dit leidt af en toe tot problemen met andere dominante personen.

## b Lees ook de andere beschrijvingen in a. Zoek dan in de stukjes tekst alle woorden die het karakter van een persoon beschrijven.

| type A | type B | type C | type D |
|---|---|---|---|
| verlegen | | opgewekt | |

## 2 Met z'n tweeën. Wat zijn goede en wat zijn minder goede karaktereigenschappen? Schrijf alles op wat in jullie opkomt. Gebruik een woordenboek of vraag je docent om hulp.

goede karakter-
eigenschappen

- vriendelijk
-

minder goede
karakter-
eigenschappen

- oppervlakkig
-

## 3 Met z'n tweeën. Lees de beschrijving in 1a die bij je score hoort nog eens. Klopt de beschrijving? Welke eigenschappen horen wel bij jou en welke niet? Wat zijn je sterke en zwakke kanten? Vertel het je partner.

- De beschrijving klopt niet echt omdat ik geen perfectionist ben. Ik ben wel heel direct. Hoe is het bij jou, Emma?
- In mijn geval klopt de beschrijving helemaal. Ik doe graag gekke dingen en ben erg avontuurlijk ...

➪ werkboek 1–4

## 4a Met z'n tweeën. Wat is voor jou een idool of voorbeeld? Wissel van gedachten in het Duits.

**b** Wie is jouw idool/voorbeeld? Beantwoord de onderstaande vragen.

1. Welke goede eigenschappen heeft deze persoon?
2. Waarom en wanneer zijn deze eigenschappen belangrijk?
3. Waarom is hij/ze je idool/voorbeeld?

**c** Zou jij ook een idool/voorbeeld voor iemand anders kunnen zijn? Beantwoord de onderstaande vragen.

1. Welke goede eigenschappen heb je (volgens je vrienden en familie)?
2. Waarom en wanneer zijn deze eigenschappen belangrijk?
3. Voor wie zou je een idool/voorbeeld kunnen zijn, en waarom?

**d** Met z'n tweeën. Vat jullie antwoorden uit b en c mondeling voor elkaar samen.

➪ werkboek 5

# B. Dat is de gewoonste zaak van de wereld

## 1 Welke omschrijving hoort bij welk plaatje?

blij zijn • beledigd zijn • woedend zijn • verbaasd zijn • wanhopig zijn • verdrietig zijn • sceptisch zijn • melig zijn

## 2a Luister naar de dialoog. Waar praten de vrienden over? 15

➪ Technik: Hören

## b Luister nog eens. Wat is goed/fout? Verbeter de foute zinnen in je schrift. 15

1. Noud is voor de eerste keer in zijn leven wanhopig.
2. De dag op school was volgens Noud helemaal niet leuk.
3. Noud vindt dat hij makkelijke ouders heeft.
4. Paul twijfelt of het wel klopt wat Noud over zijn ouders zegt.
5. Paul was erg melig tijdens de rondleiding in het museum.

## c EXTRA UITDAGING Luister nog eens. Hoe kun je Noud en Paul beschrijven?

• Noud lijkt mij wat onzeker omdat … Ik denk dat Paul vrij sceptisch is en niet alles gelooft wat Noud zegt. …

## 3 Luister nog eens en lees mee. Welke woorden ken je niet? Probeer de betekenis van de nieuwe woorden uit de context af te leiden. 15

### Op straat.

**Noud:** Hé Paul.
**Paul:** Hoi Noud! Hoe gaat het met je? Je ziet er niet heel blij uit.
**Noud:** Ja, dat kan heel goed. Ik ben echt wanhopig.
**Paul:** Ho, wacht even. Dit hoor ik nu al voor de honderdste keer.
**Noud:** Ja, je hebt gelijk. Ik ben wel vaak chagrijnig. Maar er is niets irritanter dan school en ouders die over school zeuren.
**Paul:** Wat is er dan gebeurd vandaag?
**Noud:** Nou, ten eerste hebben we het proefwerk biologie teruggekregen. Ik werd er niet vrolijk van, hoor. En het werd nog erger. We kregen ook nog een so geschiedenis en ik had het helemaal niet geleerd. Vandaag is echt de vervelendste dag van de hele week.
**Paul:** Eerlijk gezegd heb ik je al vaker horen klagen over proefwerken en so's en uiteindelijk vielen je cijfers altijd reuze mee. Meestal waren ze beter dan mijn cijfers.
**Noud:** Paul, ik heb een 6 voor biologie! Dat is het slechtste cijfer dat ik ooit heb gekregen voor dit vak. Dan is het toch de gewoonste zaak van de wereld dat ik een beetje verdrietig ben.
**Paul:** Ik snap dat je verdrietig bent, maar wanhopig? Dat lijkt me wat overdreven.
**Noud:** Je hebt mijn ouders nog niet meegemaakt als ik met een 7 of slechter thuiskom. Ze zullen heel woedend zijn.
**Paul:** Je ouders zijn de meest ontspannen mensen die ik ken. Het zal vast meevallen.
**Noud:** Ik weet het niet. Je denkt er te makkelijk over.
**Paul:** Zal ik met je meegaan? Dan reageren je ouders misschien wat cooler.
**Noud:** Ja, goed plan. Waarschijnlijk zijn ze er nu nog niet, maar ze komen straks thuis.
**Paul:** Ik vertel je onderweg wat ik vandaag heb meegemaakt. Dat vind je vast erg grappig.
**Noud:** Is goed. Vertel.
**Paul:** We hebben toch een nieuwe docent voor aardrijkskunde, meneer De Graaf. Volgens mij is hij de aardigste docent van de hele school. Vanochtend gingen we met hem naar het museum. Er was een tentoonstelling over de klimaatverandering. Een paar van die etters in onze klas deden tijdens de rondleiding bijzonder melig. Het irritantst was Julian, de zoon van onze buren. Toen heeft meneer De Graaf ineens …
**Noud:** Laten we wat sneller lopen. Er komt onweer aan.
**Paul:** Klopt, laten we opschieten. Meneer De Graaf heeft dus ineens …

werkboek 6–8

## 4a EXTRA HULP Neem de tabel over in je schrift. Zoek in de dialoog in 3 alle adjectieven die grondwoorden of comparatieven zijn en schrijf ze in de juiste kolom.

| adjectieven (grondwoord) | adjectieven (comparatief) |
|---|---|
| blij, goed | irritanter |

**b** Met z'n tweeën. Zoek in de dialoog in 3 alle adjectieven die geen grondwoorden of comparatieven zijn. Wat valt jullie op?

## 5 De superlatief.

| | | | | |
|---|---|---|---|---|
| aardig | ▸ | aardiger | ▸ | (het) aardig + st |
| vies | ▸ | viezer | ▸ | (het) vies + t |
| ontspannen | ▸ | ontspannener | ▸ | (het) meest ontspannen |
| Grundwort | ▸ | Komparativ | ▸ | Superlativ |

**g**

- Der Superlativ von Adjektiven und Adverbien wird mit der Endung *-st* gebildet. Endet das Grundwort auf *-s*, wird die Endung *-t* verwendet.
- Hat das Grundwort drei oder mehr Silben, kann man auch *(het) meest* + Grundwort verwenden.
- Dem deutschen *am …sten* (z. B. *am größten*) entspricht im Niederländischen *het …st* (z. B. *het grootst*): *Het irritantst was Julian.*
- **Besonderheiten**
  *goed – beter – (het) best* *graag – liever – (het) liefst*
  *veel – meer – (het) meest* *weinig – minder – (het) minst*

**!** Auch im Superlativ gelten die Regeln für die Formen der Adjektive: *aardig – aardigst – de aardigste docent*

## 6 Bekijk de onderstaande adjectieven en de drie onderwerpen. Kies per onderwerp drie adjectieven en maak zinnen die bij het onderwerp passen. Gebruik de superlatief.

attent • leuk • goed • aardig • ontspannen • vriendelijk • grappig • cool • lief • rustig • vrolijk • betrouwbaar • spontaan • direct • geduldig • behulpzaam • avontuurlijk

| klasgenoten/vrienden | familie | acteurs/artiesten |
|---|---|---|
| Al sinds de kleuterschool is Doris mijn liefste vriendin. | De grappigste papa van de hele wereld is mijn papa. | De beste acteur die ik ken, is … |

## 7 EXTRA UITDAGING Met z'n drieën. Schrijf elke van de onderstaande stellingen op een A4'tje en verdeel deze onder elkaar. Iedereen reageert nu in twee zinnen op de stelling op zijn/haar A4'tje. Geef de A4'tjes daarna met de klok mee door en reageer opnieuw, deze keer ook op de reactie die al op het A4'tje staat. Herhaal dit nog een keer zodat iedereen op alle drie stellingen heeft gereageerd. Geef de A4'tjes nog een laatste keer door, lees de reacties en bespreek deze met elkaar.

Onze school is de beste school in de omgeving.
Tv kijken en gamen zijn de leukste bezigheden in het weekend.
Huiswerk maken is de saaiste activiteit voor de middag.

⇨ werkboek 9, 10

## 8a Het gebruik van *er*.

**Er** is niets irritanter dan school.

Waarschijnlijk zijn ze **er** nu nog niet.

Je denkt **er** te makkelijk **over**. / Wat denk jij **erover**?

g Das Wort *er* kann verwendet werden:

- als Platzhalter für ein unbestimmtes Subjekt, das weiter hinten im Satz folgt. Hier entspricht *er* dem dt. *es*.
- als Ortsangabe. Hier entspricht *er* dem dt. *da/dort*.
- in Verbindung mit einer Präposition. Hier entspricht *er* dem dt. *da-*, das ebenfalls mit einer Präposition auftritt. *Er* und die Präposition können ein Wort bilden oder auch nicht.

!

- In Verbindung mit *er-* wird *met* zu *mee*: *Ik ben niet tevreden **met** mijn cijfer. – Ik ben **er** niet **mee** tevreden. / Ik ben niet tevreden **ermee**.*
- Zwei weitere Verwendungsweisen von *er* kennst du schon: *er* bei Mengenangaben, wenn das entsprechende Nomen weggelassen wird (*Hoeveel broers heb je? – Ik heb er twee.*) und *er* im Verb *eruitzien* (*Je **ziet er** niet heel blij **uit**.*).

**b** **Zoek in de dialoog in 3 voor elke van de drie gebruikswijzen van *er* nog een tweede voorbeeld.**

⇨ werkboek 11

## 9a Welke stemming hoort bij welke uitspraak?

1. Morgen heb ik een tentamen. Ik kan vannacht vast niet slapen.
2. Bah! Dat is echt het vieste drankje dat ik ooit heb geproefd.
3. Ik had een 9 voor mijn tentamen verwacht, maar een 8 is ook prima.
4. Na een weekend netflixen op de bank kan ik er weer tegenaan.
5. Ik stap niet in een vliegtuig. Dat durf ik echt niet.
6. Het valt allemaal erg tegen. Ik ben echt pisnijdig.
7. Ik word gek van dat ene meisje in mijn klas met al haar vragen.
8. Ik vind het vreselijk dat ik hier helemaal niemand ken.
9. Zo kan ik echt niet doorgaan. Ik heb een weekje vakantie nodig.
10. Wat heb ik toch fantastische vrienden!

a. zenuwachtig zijn
b. trots zijn
c. uitgeput zijn
d. tevreden zijn
e. eenzaam zijn
f. geïrriteerd zijn
g. uitgerust zijn
h. van iets walgen
i. bang zijn
j. chagrijnig zijn

**b** **Lees de uitspraken in a hardop voor. Laat door de intonatie horen om welke stemming het gaat.**

⇨ werkboek 12–15

# C. Help, ik kan geen Engels meer!

**1 a** Bekijk de cover van het boek en lees de titel. Wat is het volgens jou voor een boek? Schrijf steekwoorden op en vertel het daarna aan de klas.

- Ik denk dat het boek over … gaat.
- Volgens mij is het hoofdpersonage …
- Waarschijnlijk gebeuren er … in het boek.
- Het verhaal speelt zich zeker af in …, omdat …

**b** Luister wat de schrijfster Elisa van Spronsen over het boek vertelt. Maak aantekeningen. 16

**c** EXTRA UITDAGING Zoek op internet naar een recensie van *Olé*. Wat kom je nog meer te weten over het boek?

**2** Lees het fragment uit *Olé!*. Schrijf in één zin op waar het fragment over gaat.

'Hé!' zei Ole.

'Hé!' zei ik. Ik was van plan om iets heel leuks te gaan vertellen. Of iets supergrappigs, waanzinnig interessants, slims, of misschien wel iets diepzinnigs of filosofisch, zodat Ole echt zou denken: W A U W. Maar wat? Ik dacht aan de sterrenhemel waar we naar hadden liggen kijken, aan de gekleurde prikkers in de kleine hapjes, aan het flamenco dansen… Ik opende mijn mond voor mijn briljante openingszin, maar ik kwam niet verder dan nog een keer 'Hé!'

'Zit jij ook zo onder *arena*?' Ole begon fanatiek zijn zakken uit te kloppen en met zijn haren te schudden.

Arena. Dat betekende zand. Ik staarde naar de zandkorrels die op de zwart-wit geblokte tegels dwarrelden. Shitterdeshit, dat was een hele leuke zin. Waarom wist ik nou niks grappigs terug te zeggen? Ik kon alleen maar knikken.

'Hoe was je les?' vroeg Ole.

'Leuk,' wilde ik zeggen, maar ik kon niet op het juiste Spaanse woord komen. In het Engels dan maar. Ik kon toch wel 'leuk' in het Engels zeggen? In mijn hersenen zocht ik naar het woord, maar ik vond niets. Help, ik kon ook geen Engels meer!

'*Beautiful*,' antwoordde ik.

Ole trok een mondhoek omhoog.

Zei ik dat nou echt? Hoe raar was dat? Wie beschreef een les Spaans nou als *beautiful*? Met mijn hand maakte ik een wegwerpgebaar en ik grinnikte zenuwachtig. Het leek wel of mijn hoofd veranderd was in een zeef, ik was alles vergeten!

Ole snapte er duidelijk niets van. Hij keek me nieuwsgierig aan.

Snel, Mette! Verzin iets geniaals, zei ik streng tegen mezelf. In mijn hoofd maakte ik de stand op. Ole had nu al twee vragen gesteld en ik nog nul. Sterker nog, ik stond hem nu al een minuut lang zwijgend aan te kijken. Of misschien was het al veel langer. Straks was de pauze voorbij en had ik helemaal niets gezegd!

Ole pakte zijn telefoon uit zijn zak. Goed, hij was duidelijk zijn aandacht aan het verliezen. Misschien ging hij nu wel een berichtje naar Kalle sturen…

Het leek wel of al die hokjes vol talen compleet door elkaar waren geschud. Misschien kon ik dat aan Ole proberen uit te leggen? We hadden tenslotte al eerder een interessant gesprek gehad over talen leren.

➪ Technik: Lesen

## 3a Met z'n tweeën. Bekijk samen jullie antwoorden uit 1a en 2. Maak een mindmap waarin jullie alles opschrijven wat jullie al over het boek weten.

**b** Met z'n tweeën. Lees het fragment uit *Olé!* nog eens en verdeel het in vier delen. Schrijf per deel één of twee sleutelwoorden op. Bedenk daarna bij elk deel een korte Nederlandse titel die de inhoud samenvat.

**c** Met z'n tweeën. Sorteer alles wat je te weten bent gekomen in je mindmap uit a. Welke vragen hebben jullie nu nog?

➩ werkboek 16–18

## 4a Lees de aangegeven stukjes van het fragment nog eens en beantwoord de vragen.

1. regels 19 t/m 24: Wat doet Mette als ze niet in het Spaans kan antwoorden? En wat zou jij doen?
2. regels 42 t/m 43: Ken je ook wat Mette hier beschrijft? Geef een voorbeeld.

**b** Met z'n tweeën. Mette en Ole hadden al eerder een gesprek over talen leren. Wat denk je wat ze gezegd hebben? Schrijf het gesprek op. Verwerk de onderstaande onderwerpen.

talen die ze spreken • wanneer/hoe ze die talen hebben geleerd • welke taal ze het liefst spreken • wat leuk is aan vreemde talen leren en spreken • wat soms moeilijk is bij het leren van een taal

**c** In de groep. Vorm groepjes van vier personen (twee koppels uit b). Lees de gesprekken uit b aan elkaar voor. Welke overeenkomsten en verschillen zijn er tussen de gesprekken?

## 5a Wat vind jij? Is talen leren makkelijk of moeilijk? En waarom? Maak aantekeningen.

- Ik denk dat …
- Ik vind dat …
- Volgens mij …

**b** Met z'n drieën. Discussieer over talen leren. Vertel met behulp van je aantekeningen uit a wat je van talen leren vindt en reageer op je klasgenoten.

- Ja, dat klopt!
- Ik ben het (niet) met je eens.
- Je hebt me niet goed begrepen.
- Ja, je hebt gelijk.
- Ja, maar …

# Aan de slag!

**a** Met z'n tweeën. **Lees het fragment uit *Olé!* op pagina 69 nog eens. Welke eigenschappen hebben Mette en Ole volgens jullie? Kies eerst uit de onderstaande eigenschappen en verzamel daarna nog meer woorden die Mette en Ole karakteriseren.**

*vriendelijk ↔ onvriendelijk* *gevoelig ↔ ongevoelig* *rustig ↔ avontuurlijk*
*gezellig ↔ ongezellig* *direct ↔ terughoudend* *saai ↔ geestig*
*verlegen ↔ open*

**b** Met z'n tweeën. **Hoe stellen jullie je Mette en Ole voor? Kies twee van de onderstaande foto's en beschrijf kort schriftelijk het uiterlijk van Mette en Ole.**

**c** **Stel je voor dat je Mette of Ole bent. Je wilt een mailtje aan je beste vriend/vriendin sturen waarin je over het gesprek uit het fragment wilt vertellen. Lees eerst de onderstaande zinnen. Welke zinnen kun je in welk deel van het mailtje gebruiken?**

Dank je wel voor … • Doe de groeten aan … • Gisteren is iets … gebeurd. • Groetjes, • Hallo … • Heb je misschien een idee hoe … • Hoe gaat het met je? • Hoe is het in …? • Hoi … • Ik schrijf je omdat … • Kun je me misschien helpen? • Laat snel van je horen! • Liefs, • Lieve … • Met mij gaat het … • Tot augustus! • Tot snel! • Wat heb je zoal gedaan de laatste tijd?

| aanhef | inleiding | middendeel | slot | slotformule |
|---|---|---|---|---|
| | | | | |

**d** **Schrijf nu het mailtje. Ga in op de onderstaande punten en schrijf minimaal 150 woorden.**

waar je bent en wat je doet • met wie je kennis hebt gemaakt (Mette of Ole) • hoe degene eruitziet en hoe hij/ze is • wat je van hem/haar vindt • wat er gebeurde tijdens het gesprek • om advies vragen wat je nu moet doen

⇨ Technik: Schreiben

**e** Met z'n tweeën. **Geef je tekst aan je partner. Lees de tekst van je partner. Noem twee dingen die je goed vindt aan zijn/haar tekst. Stel ook een verbetering voor.**

**f** **Beantwoord de mail van je partner. Vertel vooral wat jij in deze situatie zou hebben gedaan.**

# 6 In de media

die eigene Mediennutzung beschreiben und reflektieren • einen formellen Brief / eine formelle E-Mail schreiben • über die Zukunft sprechen • jemandem etwas versprechen

**Lees de e-mail. Wat staat erin? Waarom schrijft Mats deze e-mail?**

MK Onderwerp: **informatie over workshop** 04-11-2020

Van: Mats Kemna <m.kemna@mail.nl> Aan: Geertje Douma <g.e.w.douma@bmediaw.nl>

Geachte mevrouw Douma,

Mijn naam is Mats Kemna. Ik zit in de 1e klas op de OSG Delfzijl. Van onze mentor kregen ik en een aantal andere leerlingen de opdracht om op zoek te gaan naar tips en trucs bij het omgaan met sociale media. Tijdens mijn zoektocht op internet heb ik uw website gevonden. Ik heb gelezen dat u workshops voor leerlingen verzorgt. Dat lijkt me erg leuk voor onze klas omdat er af en toe problemen zijn met sociale media.

Ik zou graag meer over de workshop willen weten zodat ik mijn mentor er alles over kan vertellen: Wat is de precieze inhoud van een workshop over sociale media? Voor welke leeftijd is de workshop geschikt? Hoelang duurt de workshop? Wat kost een workshop en hoeveel leerlingen kunnen er maximaal aan meedoen?

Ik hoor graag van u.

Met vriendelijke groet,
Mats Kemna
06 254 254 00

⇨ werkboek 1, 2

# A. Dat zal ik morgen meteen doen

## 1 Lees de adviezen voor het schrijven van een formele brief of e-mail. Heeft Mats alle adviezen opgevolgd?

In veel beroepen, maar ook als leerling of student is het belangrijk dat je goede formele brieven kunt schrijven. Omdat de meeste communicatie online plaatsvindt, komt het vaker voor dat men kiest voor een formele e-mail in plaats van een brief. Hoewel ook voor een formele e-mail bepaalde eisen gelden, is het schrijven van zo'n e-mail makkelijker dan je denkt. Als je de volgende adviezen opvolgt, heb je een grote kans op succes.

- Gebruik een e-mailadres dat uit je voorletters en je achternaam bestaat (en niet bijv. mooibloempje@mail.nl of fcvoetbalfan@mail.nl).
- Vermeld onder 'onderwerp' helder en correct wat de inhoud van de e-mail is.
- Stuur je een bijlage mee? Voorzie de bijlage van een duidelijke naam.
- Begin je e-mail met een correcte aanhef.
- Zorg voor een logische opbouw van je e-mail. Schrijf bijv. aan het begin wie je bent en geef aan het einde duidelijk aan wat je de ontvanger van de e-mail vraagt.
- Beperk je tot de belangrijkste punten.
- Plaats tussen de alinea's een witregel.
- Sluit af met een slotformule die correspondeert met de aanhef, je naam en eventueel je telefoonnummer.
- Maak geen spelfouten en lees de e-mail nog een keer goed door voordat je hem verstuurt.

werkboek 3

## 2 Luister naar de dialoog en bekijk de foto's. Welke foto hoort niet bij de dialoog? 17

## 3 Luister nog eens en maak aantekeningen in het Nederlands. 17

1. persoon die belt • 2. reden voor het telefoontje • 3. gebeurtenissen eerder op school • 4. volgende stappen

**Lerntipp!** Achte beim Notizenmachen darauf, dass du die Informationen so kurz wie möglich aufschreibst, ohne dabei etwas Wichtiges zu vergessen. Verwende auch Abkürzungen oder Symbole. Lies dir deine Notizen abschließend noch einmal durch.

Technik: Hören

## 4 Luister nog eens en lees mee. Welke woorden ken je niet? Probeer de betekenis van de nieuwe woorden uit de context af te leiden. 17

### Aan de keukentafel.

**Mats:** Dat zal ik dan morgen meteen doen. Ik zal in ieder geval eind van de week doorgeven of we meedoen of niet. Hartelijk bedankt voor het telefoontje en tot mails.

**moeder:** Wie was dat nou, Mats?

**Mats:** Dat was mevrouw Douma.

**moeder:** Wie is dat?

**Mats:** Ze werkt bij een bureau dat workshops over sociale media verzorgt.

**moeder:** En waarom belt ze jou?

**Mats:** We kregen van meneer Postma, onze mentor, de opdracht om op internet op zoek te gaan naar tips en trucs voor het omgaan met sociale media zodat we die in de mentorklas met z'n allen kunnen bespreken.

**moeder:** Wat een leuke opdracht! Hoe komt hij op dat idee?

**Mats:** Weet ik niet. Misschien omdat laatst leerlingen uit klas 1c iemand op Instagram pestten.

**moeder:** Ja, daar hebben we het op de ouderavond afgelopen week ook over gehad. Ik was verbaasd dat zoiets bij jullie op school gebeurt. En daarom belt die mevrouw je nu?

**Mats:** Je laat me niet uitpraten, mam. Ik heb haar bureau gevonden bij mijn zoektocht online. Ze verzorgt workshops voor leerlingen over het gebruik van sociale media. En ik dacht dat dit misschien ook wel leuk zou zijn voor onze klas. Daarom heb ik haar vanmiddag gemaild en om wat meer informatie gevraagd. Toen ze mijn mail las, belde ze me meteen.

**moeder:** En wat zei ze?

**Mats:** Ze vertelde wat ze in zo'n workshop allemaal doet. Ze helpt leerlingen om bewust met sociale media om te gaan. Dat voorkomt dat leerlingen gepest of buitengesloten worden. Het klinkt erg interessant.

**moeder:** En kost die workshop geen geld dan?

**Mats:** Eigenlijk wel, maar ze zei ook dat ze op dit moment een prijsvraag hebben. Je kan er met de hele klas aan deelnemen, en je kan dus een gratis workshop winnen. Ze mailt me straks alle details. Morgen ga ik het dan met meneer Postma overleggen.

**moeder:** Wat leuk! Ik ben benieuwd of het lukt.

**Mats:** Ik ook, maar het zal vast wel goedkomen. Je kent mijn klasgenoten toch – ze zijn altijd in voor een leuk wedstrijdje.

## 5 Zoek in de dialoog in 4 de woorden die bij de onderstaande omschrijvingen horen.

1. ▬ iemand kwetsen door gemene dingen te zeggen of te doen
2. ▬ *m -en/-s* iemand die leerlingen begeleid en bij problemen ondersteunt
3. ▬ *o -s* een gesprek aan de telefoon
4. ▬ *m -en* actie waarbij iets of iemand gezocht wordt
5. ▬ *v/m -en* vraag of opdracht die wordt uitgeschreven en waarbij je iets kunt winnen

⇨ werkboek 4–7

## 6 EXTRA HULP Je kent al twee manieren om over gebeurtenissen in de toekomst te spreken. Welke zijn dat? Zoek in de dialoog in 4 voorbeeldzinnen.

⇨ werkboek 8

## 7 a Neem de regel voor het vormen van het futurum over in je schrift en vul hem aan.

Infinitiv • zullen • zullen • zal

| Infinitiv | Präsens | Futur |
|---|---|---|
| doen | ik doe | ik/je/u/hij zal doen<br>we/jullie/ze zullen doen |
| doorgeven | ik geef door | ik/je/u/hij zal doorgeven<br>we/jullie/ze zullen doorgeven |

Das Futur wird aus einer Form des Hilfsverbs ___ (___ oder ___) und dem ___ des Hauptverbs gebildet.

### b Het gebruik van het futurum.

Ik **zal** eind van de week **doorgeven** of we meedoen.

Dat **zal** ik dan morgen meteen **doen**.
Het **zal** vast wel **goedkomen**.

**i Lerntipp!** Die Wörter *wel*, *vast (wel)* und *zeker* sind Signalwörter für die Verwendung des Futurs.

**g**

- Um über Ereignisse in der Zukunft zu sprechen, verwendet man – vor allem in der Schriftsprache – das Futur. In der gesprochenen Sprache wird stattdessen häufig das Präsens mit einer Zeitangabe oder *gaan* + Infinitiv verwendet.
- Das Futur verwendet man vor allem dann, wenn man jemandem etwas verspricht oder wenn es nahezu sicher ist, dass etwas geschehen wird.

## 8 Met z'n tweeën. Bekijk de foto's. Wat zal er volgens jullie heel zeker gebeuren? Schrijf hele zinnen op en gebruik het futurum.

⇨ werkboek 9, 10

# B. Ik hoor graag van u

**1 a** Emilie stuurt een e-mail aan haar docente Nederlands. Welke van de onderstaande varianten is het best gelukt? En waarom?

1.

Beste Joke,
bedankt voor de tip met de website van het jeugdjournaal. Ik heb daar naar informatie gezocht. Met de zoekfunctie heb ik informatie voor onze presentatie gevonden. Hoelang mag de presentatie eigenlijk duren?

Groetjes,
Emilie

2.

hoi joke,

bedankt voor de om op de website van het JEUGDJOURNAAL naar informatie over jongeren en sociale media in nederland te zoeken. het is gelukt. VET! hoelang moeten we spreken.

grtz,
emilie nordhausen

3.

Beste mevrouw Landvelt,

Hartelijk dank voor uw tip! Ik heb vandaag op de website van het jeugdjournaal naar informatie over jongeren en sociale media in Nederland gezocht. Eerst was het moeilijk, maar met de zoekfunctie van de site is het me toch gelukt om informatie voor de spreekbeurt te vinden.

Is het voldoende als we 10 minuten spreken? Ik hoor graag van u.

Vriendelijke groet,
Emilie Nordhausen

**b** Met z'n drieën. Wissel van gedachten over de kwaliteit van de e-mails in a. Schrijf per e-mail minimaal drie positieve en/of negatieve aspecten op.

---

**2 a** Zoek op de website *jeugdjournaal.nl* naar informatie over sociale media. Kies een artikel dat je interessant vindt. Lees het artikel en maak aantekeningen bij de onderstaande vragen.

Wat is de titel van het artikel (en het bijbehorende filmpje)? • Sinds wanneer staat het artikel online? • Over welke sociale media gaat het artikel? • Krijg je informatie over het gebruik van sociale media in Nederland? Zo ja, welke? • Is het artikel positief of negatief over sociale media?

**b** Met z'n tweeën. Stel je voor dat je naast je broer/zus op de bank zit. Jullie zijn druk bezig met je telefoons in plaats van gezellig met elkaar te praten. Best gek, denk je. Je knoopt een gesprek aan met hem/haar en vertelt in het Duits wat je in a te weten bent gekomen over sociale media in Nederland.

⇨ Technik: Sprachmitteln

**3a** Stel je voor dat je in het weekend in Nederland was. Daar kreeg je in de winkelstraat de onderstaande flyer. Lees de regels voor de prijsvraag. Weet je wat je moet doen om deel te nemen? Schrijf alle vragen op die je nog hebt over de prijsvraag.

### Win een *social media workshop* voor de hele klas!

Wil je met je klas een workshop winnen waarin jullie van alles leren over de mogelijkheden en valkuilen van sociale media? Maak dan met een groepje van maximaal vier leerlingen een vlog over jullie gebruik van sociale media. Het vlog kan bijvoorbeeld gaan over:

- het gebruik van smartphones
- wat je on- en offline doet
- problemen met sociale media

Kies een grappig verhaal of maak een documentaire. Jullie mogen zelf beslissen hoe het vlog eruit gaat zien. Hoe origineler hoe groter de kans dat jullie gaan winnen. Let erop dat jullie vlog niet langer dan vier minuten duurt. Elke klas mag maar één vlog insturen. Stuur je vlog voor 1 februari op als videobestand of link.

Heb je nog vragen? Stuur dan een mail aan Geertje Douma (g.e.w.douma@bmediaw.nl).

**b** Schrijf een e-mail aan mevrouw Douma. Maak eerst een schrijfplan en ga in op de onderstaande punten.

vertellen waar je de flyer vandaan hebt • je klas kort voorstellen • vragen of ook klassen uit Duitsland deel mogen nemen • twee andere vragen over de prijsvraag

Beste ...,
Geachte heer/mevrouw ...,

Ik schrijf u omdat ...
Met veel belangstelling heb ik ...

Ik zit in de ... klas op ... in ...
We leren naast Engels ...
In mijn klas ...

Ik heb een aantal vragen over ...
Ik zou graag willen weten of ...
Ik wil u verzoeken om ...
Is het mogelijk om ...

Ik hoor graag van u.
Alvast bedankt voor uw antwoord.
Bedankt voor uw moeite.

Vriendelijke groet, ...
Groeten, ...

redenen aangeven: omdat, want
tekst structureren: eerst, dan, nu, tenslotte
zinnen verbinden: en, bovendien, ook, verder

⇨ Technik: Schreiben

**c** Lees je e-mail nog eens goed door en onderstreep alle woorden en zinsdelen waar je niet zeker over bent.

**d** Met z'n tweeën. Geef je e-mail uit c aan je partner. Lees de e-mail van je partner en geef feedback op de onderstreepte woorden en zinsdelen. Gebruik de feedback van je partner om je tekst te verbeteren.

⇨ werkboek 11, 12

# C. Ik heb 412 vrienden

**1** Neem de tijdlijn over in je schrift en vul hem aan.

de radio • het tijdschrift • het internet • de krant • de tv

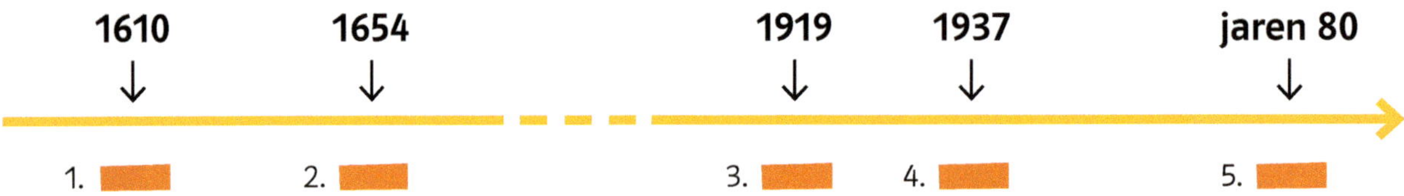


**2a** Met z'n drieën. Teken een grote woordspin met het onderwerp media. Vul eerst de onderstaande woorden in. Welke andere woorden horen er nog meer bij? Gebruik een woordenboek of vraag je docent om hulp.

de verslaggever • het netwerk • de uitzending • het vlog • het nieuws • de serie • de reclame • de documentaire • het toestel • het bericht • de uitgever • de reportage • het commentaar • de illustratie • de krantenkop • het vervolg • de advertentie • de journalist • de game • de herhaling • de oplage • het journaal • de opname • het weerbericht • het artikel • de story • de bijlage • het blog

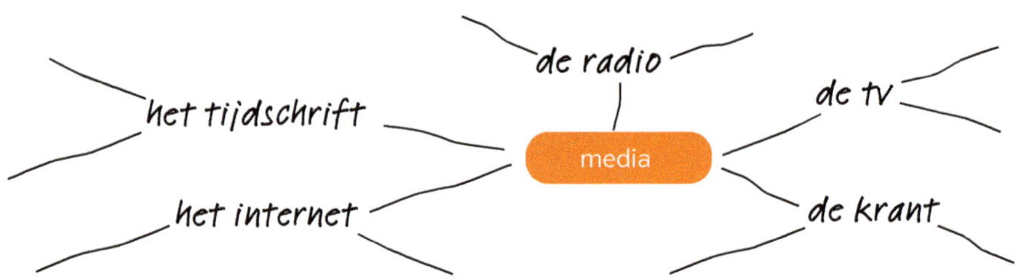


**b** Zoek op internet naar informatie over vier van de onderstaande media. Schrijf steekwoorden in het Nederlands op.

wat is het? • wie gebruikt het? • geschiedenis van het medium • voorbeeld van inhoud

fashionchick.nl/girls
nu.nl AVROTROS SPS6 De school Enzo Knol scholieren.com
de Volkskrant zozitdat.nl Het Parool De Telegraaf NRC Handelsblad
Zapp! Tina Quest Voetbal International Donald Duck The Voice
CosmoGirl! NOS NPO BNNVARA Wie is de mol?
videoland.com

⇨ werkboek 13, 14

## 3 Wat hoort bij elkaar?

WhatsApp • Facebook • Snapchat • YouTube • Instagram

1. ____ is een platform waarop je de gebeurtenissen in je leven met je vrienden kunt delen.
2. ____ is een app voor chatten, bellen en delen van foto's, video's, geluidsopnames en documenten.
3. ____ is een platform waarop je filmpjes kunt kijken of je zelfgemaakte filmpjes kunt laten zien.
4. ____ is een app waarmee je foto's kunt bewerken en met je vrienden kunt delen.
5. ____ is een app voor het delen van foto's en video's voor hele korte tijd.

## 4 Bekijk de onderstaande posts op Instagram. Wat denk je wie ze geplaatst heeft? Wat wordt met de foto en het bijschrift uitgedrukt? Zou je dit account willen volgen? Waarom (niet)?

**SG Vondel** • Volgen

**SG_Vondel** Yesss! Havo 3b heeft een workshop over sociale media van @bmediaw gewonnen. #trots
**xxlottexx** Gefeliciteerd! Wat tof!
**kijk_bv** Terecht winnaar!!!

**lotte_kikker** • Volgen

**lotte_kikker** Komen ze eindelijk een keer langs en dan dat … #saai #vriendinnen #verslaafd
**dennis.de.glennis** Haha, wat treurig.
**rachie_insta** kom je gewoon ff bij mij chillen

➪ werkboek 15

## 5a Beantwoord de onderstaande vragen. Bekijk eerst de voorbeeldantwoorden.

| | |
|---|---|
| Hoe vaak lees je de krant? En welke krant lees je dan? | *Ik lees alleen op zaterdag de Volkskrant.* |
| Hoe vaak luister je naar de radio? | *Ik luister elke ochtend naar de radio.* |
| Kijk je vaak tv? Wat is je lievelingsprogramma? | *Ik kijk bijna elke dag tv. Mijn lievelingsprogramma is Wie is de mol?.* |
| Ben je geabonneerd op een tijdschrift? | *Ik ben geabonneerd op Tina.* |
| Zit je op Facebook of Instagram? | *Nee, maar ik zit wel op Snapchat.* |
| Hoeveel WhatsApp-berichten verstuur je per dag? | *Ik denk dat ik ongeveer 50 berichten per dag verstuur.* |
| Van wie heb je het laatste bericht ontvangen? | *Het laatste bericht kreeg ik van mijn neef.* |
| Wat is je favoriete app? | *Mijn favoriete app is TikTok.* |

**b** In de groep. **Welke media gebruiken je klasgenoten het meest / het liefst? Loop rond en vraag het hun. Maak gebruik van de vragen in a.**

**6a** Met z'n tweeën. **Jullie docent neemt een aantal Nederlandse of Vlaamse kranten en tijdschriften mee. Kies er eentje uit en zoek naar de onderstaande informatie. Schrijf steekwoorden op.**

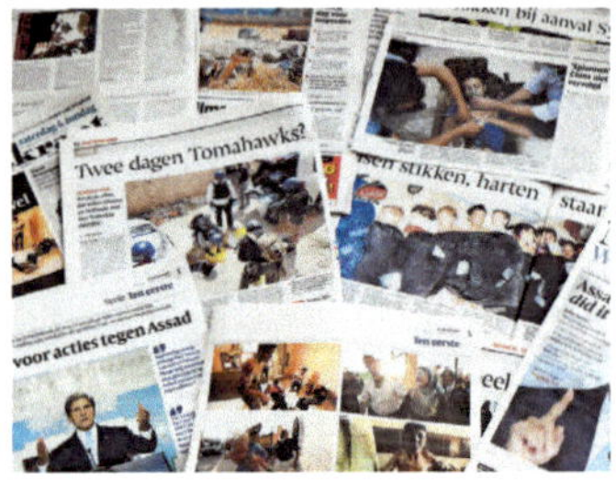


naam • krant of tijdschrift • soort krant/tijdschrift • prijs • dagelijks/wekelijks/maandelijks • doelgroep • veel/weinig tekst/foto's • onderwerpen/rubrieken • oplage • inhoud van jullie lievelingsartikel

**b** In de groep. **Werk samen met een ander tweetal uit a. Vertel iets over jullie krant/tijdschrift. Maak gebruik van jullie steekwoorden uit a. Beantwoord daarna de vragen van jullie toehoorders.**

- We hebben het Algemeen Dagblad gekozen omdat we op de titelpagina voetballers zagen die we kennen. Het is een dagelijkse krant met nieuws, veel foto's en ook artikelen over de regio. De krant kost …
- Is er ook een sportbijlage?
- Ja, natuurlijk. Er staat heel veel over voetbal in de sportbijlage.
- Is er ook een strip?
- Dat weet ik niet. Even kijken. …

⇨ Technik: Präsentieren

**c** **Lees de onderstaande tekst. Wat is het voor een tekst? Waar kun je dat soort teksten vinden?**

### Nederlandstalige kranten en tijdschriften

De Nederlandstalige pers bestaat naast journaals op tv en radio en nieuwswebsites ook uit kranten en tijdschriften. In Nederland en Vlaanderen heb je naast landelijke ochtend- en avondkranten veel regionale kranten. Daarnaast bestaan er ook tijdschriften die bijvoorbeeld wekelijks, tweewekelijks, maandelijks of per kwartaal verschijnen. Tijdschriften hebben vaak een bepaald onderwerp. Zo zijn er bijvoorbeeld tijdschriften voor tieners of over auto's. Hieronder zijn enkele voorbeelden van Nederlandstalige kranten en tijdschriften te vinden.

Lijst van kranten

Algemeen Dagblad

…

Lijst van tijdschriften

…

**d** Met z'n tweeën. **Schrijf nu zelf een tekst voor een wiki over jullie krant of tijdschrift. Verwerk zoveel mogelijk informatie uit a. Denk er ook over na welke woorden in de tekst naar andere pagina's zouden moeten verwijzen en onderstreep deze woorden.**

⇨ Technik: Schreiben

**e** ☆ EXTRA UITDAGING In de groep. **Werk samen met een ander tweetal uit d. Leg jullie teksten naast elkaar. Welke overeenkomsten en verschillen zijn er?**

⇨ werkboek 16

# Aan de slag!

## a Beantwoord de onderstaande vragen. Schrijf steekwoorden in het Nederlands op.

Zijn je docenten goed met computers, tablets en smartphones? • Gebruiken jullie op school een beamer of digibord? • Mag je op school je mobiele telefoon gebruiken? • Speel je in de pauze online games? • Hebben jullie een klassenappgroep? • Ben je op sociale media altijd aardig? • Zou je beter leren als je docenten meer digitale hulpmiddelen in de les zouden gebruiken? • Wil je vaker opdrachten op je smartphone maken tijdens de les? • Mag je gebruikmaken van de school-wifi? • Heb je al een keer tijdens de les geappt met een vriend/vriendin? • Maakt je school gebruik van sociale media?

## b Met z'n drieën. Bespreek jullie antwoorden uit a. Welke overeenkomsten en verschillen zijn er?

## c Met z'n drieën. Bekijk de foto's en bespreek wat erop staat. Zouden deze foto's bij jullie op school gemaakt kunnen zijn? Schrijf steekwoorden in het Nederlands op.

## d Met z'n drieën. Jullie maken een vlog van ongeveer twee minuten over het gebruik van sociale media en digitale hulpmiddelen bij jullie op school. Maak eerst een opzet. De onderstaande punten moeten in ieder geval aan bod komen. De rest van het vlog mogen jullie zelf invullen.

computers/smartphones/tablets/digiborden/… op jullie school • gebruik van de apparaten door docenten • gebruik van de apparaten door leerlingen • sociale media in de lessen Engels/Frans/Nederlands • voordelen en nadelen van het gebruik van sociale media en digitale hulpmiddelen • wat jullie meer/minder willen

**Tips voor het maken van een vlog:**
- Denk goed na of je personen wilt/mag filmen.
- Gebruik de zoom-functie om bepaalde dingen uit te lichten.
- Let op licht en achtergrondgeluiden.
- Film horizontaal.
- Film niet te veel.

**Ideeën voor een origineel vlog:**
- Laat een verhaal door verschillende mensen vertellen.
- Gebruik poppetjes, tekeningen of voorwerpen.
- Geef een rondleiding.
- Maak een diashow.
- Gebruik effecten zoals timelapse of slow motion.

## e Met z'n drieën. Schrijf nu het draaiboek. Verdeel daarna de taken.

regie • camera • montage • voice-over

## f Met z'n drieën. Neem de scènes op. Monteer daarna je vlog. Laat je vlog aan de klas zien.

# Tussenstop 3

## 1 Welk woord hoort bij welke foto?

het toetsenbord • de printer • het beeldscherm • de muis • de tablet • de oplader • de geheugenstick • de e-reader • de luidspreker • de webcam • de headset • de smartphone

➪ werkboek 1, 2

## 2a Wat is je lievelingsboek, -nummer of -film, en waarom? Maak aantekeningen bij de onderstaande punten.

titel • auteur(s)/artiest(en)/acteur(s) • achtergrondinformatie • het leukst/mooist/coolst/fijnst/spannendst eraan

## b Neem je lievelingsboek, -nummer of -film mee naar de les. Vertel waarom juist dit boek / dit nummer / deze film zo belangrijk voor je is. Gebruik minimaal drie superlatieven.

- Ik laat jullie zo naar mijn allerliefste lievelingsnummer luisteren en naar de videoclip kijken. Dit nummer is van de Nederlandse band *The Given Horse* en heet *Praten*. Het lied is van hun eerste album *Morgen stop ik echt*. Je kan het ook online vinden. Ik luister graag naar dit nummer omdat ik vind dat de zanger erg mooi zingt en de gitaar het stoerst klinkt. Het leukste is wel de clip. Een doof meisje loopt door de stad en vertaalt de tekst van het liedje naar de Nederlandse Gebarentaal. Kijk maar, superleuk!

➪ werkboek 3, 4

## 3a Bekijk de foto's. Wat komt allemaal in je op? Schrijf per foto vijf steekwoorden op.

## b Hoe kun je een korte spreekbeurt structureren? Welke zinnen horen bij welk deel?

Bedankt voor jullie aandacht. • Bij de derde foto denk ik dat … • Het onderwerp van mijn spreekbeurt is … • Ik doe dit niet, want … • Ik doe dit ook wel, want … • Ik ga iets vertellen over … • Ik kom nu aan het einde en wil even samenvatten. • Ik vind dat de tweede foto … • Ik wil graag over … spreken. • Op de eerste foto zien jullie … • Samenvattend …

| het onderwerp voorstellen | de kern van de spreekbeurt | de afronding |
| --- | --- | --- |
| | | |

## c Met z'n drieën. Per ronde geeft een van jullie aan de hand van de foto's in a een korte spreekbeurt en beantwoordt de onderstaande vraag. De anderen luisteren en geven na de spreekbeurt feedback.

**ronde 1**
leerling A:
Spreek over de foto's. Hoe ga jij om met sociale media?

**ronde 2**
leerling B:
Spreek over de foto's. Hoe gebruik jij je mobiele telefoon?

**ronde 3**
leerling C:
Spreek over de foto's. Wat doe jij allemaal op internet?

luisteraars:
Begrijp je alles? Wat begrijp je niet?
Spreekt je klasgenoot te snel, te langzaam of in een goed tempo?
Wat doet je klasgenoot goed? Wat kan hij/ze nog beter doen?

➪ werkboek 5

## 4 Met z'n tweeën. Wat weet je nog over het boek *Olé!* en de personages Mette en Ole? Vertel het aan elkaar.

## 5a Lees het fragment uit *Olé!* en beantwoord de vragen.

Waar speelt het zich af? • Wie komt erin voor? • Wat gebeurt er? • Wanneer gebeurt het? • Waarom gebeurt het?

'Hoe zit het nu precies tussen Ole en jou? Het was toch "gewoon een vriend"?' Bij de laatste drie woorden maakten Momo en Elodie allebei tegelijk aanhalingstekens in de lucht.

Meteen had ik spijt dat ik de deur open had gedaan. Waarom was ik niet gewoon veilig in mijn bed blijven liggen?

'We hebben jullie wel gezien, hoor, hier op het grasveldje. Sorry, maar je maakt ons écht niet wijs dat je met "gewoon een vriend" naar de sterren gaat liggen kijken.'

'Ik kan het allemaal uitleggen,' mompelde ik. 'Maar...'

'Ben je nou verliefd of niet?' Momo tikte ongeduldig met de neus van haar ballerina op de deurmat.

Wat moest ik nou zeggen? Als ik de waarheid vertelde, werden ze natuurlijk woedend. Maar als ik loog ook! Bovendien wilde ik helemaal niet liegen.

'Is het nou echt zo'n moeilijke vraag? Ben je verliefd op Ole of niet? *Sí* of *no*.'

'*Sí*...' zei ik zacht.

'Wat?' gilde Momo. 'Zie je wel!'

'En jij zei nog wel dat je Ole zo goed bij mij vond passen!' riep Elodie.

'Ja, dat vond ik ook, maar...' Ik zocht naar de juiste woorden. 'Doe anders even rustig, *tranquilo*. Dan kunnen we erover praten. We zijn toch *amigas*?'

'Vriendinnen?' Elodie rolde met haar ogen en keek naar Momo.

Momo trok een mondhoek omhoog, er verscheen een sarcastisch lachje op haar gezicht. 'Dacht je dat nou echt? We childen gewoon even met je omdat we hoopten dat je meer *información* over Ole had.'

'O,' zei ik. De woorden dreunden keihard mijn hoofd binnen. Ik voelde me ineens nóg stommer. Dus dáárom deden de Parisiennes plotseling aardig tegen me. Het ging helemaal niet om mij! En toen kwamen die stomme tranen weer. Ik slikte en slikte, die rottranen moesten weg. Ik ging hier echt geen potje zitten janken. Echt niet! Ik pakte de klink stevig vast en wilde het liefst de deur zo snel mogelijk weer dichtdoen.

'Ole is van ons. Blijf voortaan bij hem uit de buurt!'

'Dat kan Ole toch zelf bepalen?' zei ik met een schorre stem.

'Wat zeg je?' Elodie deed een stap naar voren en stak dreigend haar wijsvinger in de lucht.

Ik durfde het niet nog een keer te zeggen.

'Geef die nagellak maar terug. En snel een beetje!' schreeuwde ze.

Ik rende naar de badkamer en griste het potje van de plank. 'Hier!' gilde ik en zonder na te denken gooide ik het potje naar mijn buurmeisjes. Het barstte open toen het de grond raakte, overal op mijn terras lag rode lak. Het leek wel een *crime scene*.

⇨ Technik: Lesen

**b** In de groep. Vorm groepjes van vier personen. Verdeel de rollen (Mette, Elodie, Momo en de verteller) onder elkaar en lees de tekst hardop. Oefen het voorlezen meerdere keren en geef elkaar feedback op de intonatie.

**c** In de groep. Herschrijf het fragment als scène voor het toneel. Bespreek wat uit het fragment in jullie scène voorkomt. Bespreek ook wat de personages denken of voelen en hoe je dat in de scène kunt uitdrukken.

**d** ☆ EXTRA UITDAGING In de groep. Schrijf een scène die lijkt op het fragment, maar verander de personages en het onderwerp. Bespreek ook wat de personages denken of voelen en hoe je dat in de scène kunt uitdrukken.

**e** In de groep. Oefen de scène uit c of d meerdere keren. Verdeel de rollen steeds anders. Geef elkaar tips over het acteren en de uitspraak. Voer de scène daarna op in de klas of neem een film op met je mobiele telefoon of een camera.

⇨ werkboek 6, 7

## 6a Kies vier stellingen die op jou van toepassing zijn.

Ik lees eigenlijk niet graag boeken. • Ik lees het liefst dunne boeken. • Ik lees graag boeken over avonturen. • Ik lees vooral tijdschriften. • Ik lees vooral boeken over jongeren van mijn leeftijd. • Ik praat graag met anderen over de boeken die ik heb gelezen. • Ik praat niet graag over boeken. • Ik lees alleen op mijn mobiele telefoon of tablet. • Ik lees graag over situaties waarin ik ook zelf kan belanden. • Ik ontspan door te lezen. • Ik vind vooral boeken over bepaalde onderwerpen interessant, bijv. ruimtevaart, paarden, vriendschap of muziek. • Ik lees soms boeken die mijn ouders ook lezen. • Ik denk graag wat langer na over wat in boeken gebeurt. • Ik lees af en toe boeken over vroeger. • Ik lees graag boeken waarvan ik iets kan leren. • Ik voel me uitgerust na het lezen. • Ik voel me gelukkig als ik een mooi boek heb gelezen.

**b** In de groep. **Vorm groepjes van vier personen. Bespreek de onderstaande vragen. Schrijf de belangrijkste punten op in je schrift.**

Wanneer lees je? • Waar lees je? • Hoe lees je? • Waarom lees je?

**c** **Neem de onderstaande tabel over op een A4'tje. Schrijf met behulp van de tabel twee dagen lang een leesdagboek.**

| moment | Wat lees je? | Waar lees je? | Hoe lees je? | Waarom lees je? |
|---|---|---|---|---|
| 7.00 | berichten op WhatsApp | in mijn bed | liggend | even kijken hoe mijn vriendin heeft geslapen |
| 8.30 | tekst in biologieboek | op school | aan tafel | moet opdrachten maken |
| ... | | | | |

**d** In de groep. **Kom weer bijeen met het groepje uit b. Vertel elkaar wat je met behulp van c te weten bent gekomen. Kloppen jullie antwoorden uit b?**

**e** Met z'n tweeën. **Vat in één zin samen hoe je leest. Lees je zin daarna voor aan je partner. Vertel je partner hoe je zijn/haar zin interpreteert.**

**f** **Schrijf je eigen leesbiografie. Ga in op de onderstaande punten en schrijf minimaal 150 woorden.**

leesmateriaal • hoeveelheid • momenten • lievelingsboeken/-tijdschriften/-websites/-apps • plezier: ja/nee?

⇨ Technik: Schreiben
⇨ werkboek 8–10

in öffentlichen Situationen etwas erledigen •
ein Gespräch an einem Schalter führen •
für/gegen einen Standpunkt argumentieren •
über Religion und Gesellschaft sprechen

# 7 Samen sterk

**Welk woord hoort bij welke foto? Luister naar de docent en zet de foto's in de juiste volgorde.** ▶ 18

a. het paspoort • b. de zorgpas • c. het formulier • d. het schoolpasje • e. de ov-chipkaart

# A. Vergeet je ov-chipkaart niet!

## 1a Luister nog eens naar de docent. Welke omschrijving hoort bij welk woord? 18

1. de ID-kaart
2. de zorgpas
3. de toestemming
4. het legitimatiebewijs
5. het verzamelpunt

a. een kaart met de gegevens van je ziektekostenverzekering
b. een plaats waar mensen bijeenkomen
c. een officieel document in de vorm van een pasje om je te legitimeren
d. een verklaring dat iets mag
e. een officieel document waarmee je kan laten zien wie je bent

**b** Luister nog eens naar de docent. Schrijf in het Nederlands op wat de leerlingen allemaal mee moeten nemen. 18

## 2a Met z'n tweeën. Stel je voor dat je zelf op schoolreis gaat. Welke dingen uit 1b nemen jullie ook mee? Welke niet? En waarom?

**b** Met z'n tweeën. Wat nemen jullie nog meer mee op schoolreis? Maak aantekeningen in het Nederlands. Vertel daarna aan de klas wat jullie allemaal mee willen nemen. Jullie klasgenoten en jullie docent geven aan of je deze dingen echt nodig hebt.

⇨ werkboek 1, 2

## 3a Luister naar de dialoog. Wat is er gebeurd? 19

⇨ Technik: Hören

**b** Luister nog eens. Wat is goed/fout? 19

1. Djamal is met de trein van Alkmaar naar Maastricht gegaan.
2. De ov-chipkaart van Djamal doet het niet meer.
3. De baliemedewerkster blokkeert de ov-chipkaart.
4. De ouders van Djamal zijn al drie keer hun ov-chipkaart kwijtgeraakt.
5. Djamal koopt een persoonlijke ov-chipkaart.
6. Djamal wil met contant geld betalen.

**c** EXTRA UITDAGING Verbeter de foute zinnen uit b in je schrift.

**d** Luister nog eens en beantwoord de vragen. 19

1. Waarom kan de baliemedewerkster de kaart niet blokkeren?
2. Hoe probeert Djamal de baliemedewerkster over te halen om de kaart toch te blokkeren?
3. Waarom wil Djamal niet dat zijn ouders de kaart online blokkeren?
4. Hoe kan Djamal zonder zijn ov-chipkaart terug naar Alkmaar gaan?

## 4 Luister nog eens en lees mee. Welke woorden ken je niet? Probeer de betekenis van de nieuwe woorden uit de context af te leiden. 19

### Op het station.

**medewerkster:** Goedemiddag. Wat kan ik voor je doen?
**Djamal:** Goedemiddag, mevrouw. Ik ben mijn ov-chipkaart kwijt. Kunt u me misschien helpen?
**medewerkster:** Wat vervelend! Weet je nog wanneer je hem voor het laatst hebt gezien?
**Djamal:** Eergisteren. Toen zijn we met de klas vanuit Alkmaar met de trein hiernaartoe gekomen. We zijn op schoolreis hier in Maastricht.
**medewerkster:** Je bent hem dus al twee dagen kwijt. Heb je de kaart al geblokkeerd? Anders kan iemand met jouw saldo reizen in de trein of bus.
**Djamal:** Nee, dat heb ik nog niet gedaan. Hoe doe ik dat?
**medewerkster:** Dat doe je via internet op *ovchipkaart.nl*. Maar je kan beter je moeder of vader vragen om dat voor je te doen. Zij kunnen dan namelijk ook meteen het geld terugvragen.
**Djamal:** Kunt u de kaart niet voor mij blokkeren?
**medewerkster:** Nee, ik kan je helaas niet helpen. Ik kan niet zomaar een ov-chipkaart blokkeren. Daarvoor moet je echt ingelogd zijn op je account.
**Djamal:** Maar ik kan het echt niet aan mijn ouders vragen. Ik ben de kaart nu al voor de derde keer kwijt. Mijn ouders vinden dit echt niet meer leuk.
**medewerkster:** Dat is erg jammer, maar ik kan de kaart niet voor je blokkeren.
**Djamal:** Ik moet het deze keer zelf oplossen, mevrouw. Ik kan toch bewijzen dat het mijn kaart is. Ik geef u mijn adres, en dan kunt u het even opzoeken in de computer. Het is echt belangrijk. Gelooft u me toch! Ik krijg enorme ruzie met mijn ouders als ze erachter komen dat ik de kaart alweer kwijt ben.
**medewerkster:** Ik wil je graag geloven, maar het kan gewoon niet. Ik kan niet zomaar bij je gegevens in de computer. Het spijt me.

**Djamal:** Kunt u niet voor één keertje een uitzondering maken?
**medewerkster:** Het spijt me, maar dat is niet mogelijk. Ik raad je aan om de klantenservice te bellen. Misschien kunnen zij wel helpen. Ze kunnen vaak meer doen dan ik hier aan de balie.
**Djamal:** Nou, dan heb ik geen andere keuze. Maar ik heb nu ook een ov-chipkaart nodig om met de trein weer naar huis te kunnen gaan. Kan ik bij u alvast een nieuwe kaart kopen?
**medewerkster:** Je kunt hier alleen anonieme ov-chipkaarten en losse kaartjes kopen.
**Djamal:** Kan ik niet meteen een nieuwe persoonlijke ov-chipkaart kopen?
**medewerkster:** Nee, dat kan helaas niet, want ik kan hier op de computer je gegevens niet verwerken. Dat kan alleen online.
**Djamal:** En als ik een anonieme ov-chipkaart koop, kan ik deze dan later laten omzetten in een persoonlijke?
**medewerkster:** Nee, dat kan helaas ook niet. Het goedkoopst is het waarschijnlijk als je nu een los kaartje koopt. Je betaalt dan slechts 1 € servicekosten. Een anonieme ov-chipkaart kost 7,50 €.
**Djamal:** Wat irritant! Maar goed, ik denk dat ik dat dan maar doe. Kan ik bij de automaat met contant geld betalen?
**medewerkster:** Nee, bij de automaat kun je alleen pinnen. Maar je kunt het kaartje ook hier aan de balie kopen. Hier kun je wel contant betalen.
**Djamal:** Dan doe ik dat.
**medewerkster:** Waar wil je ook alweer naartoe?
**Djamal:** Naar Alkmaar.

## 5 Wie zegt wat? Neem de tabel over in je schrift. Lees de dialoog in 4 nog eens en vul de tabel aan.

Kan ik bij u … ? • Wat kan ik voor je/u doen? • Kunt u me misschien helpen? • Ik raad je/u aan om … • Ik kan je/u helaas niet helpen. • Het spijt me, maar dat is niet mogelijk. • Kunt u niet voor één keertje een uitzondering maken? • Hoe doe ik dat? • Dan doe ik dat. • Je/U kunt …

| de medewerker/medewerkster | de klant |
|---|---|
| | |

## 6a Luister nog eens naar de dialoog. Let op de intonatie van de onderstaande zinnen. Hoe komt de persoon over? 19

medewerkster:
Wat kan ik voor je doen?
Wat vervelend!
Het spijt me, maar dat is niet mogelijk.
Waar wil je ook alweer naartoe?

Djamal:
Kunt u me misschien helpen?
Kunt u niet voor één keertje een uitzondering maken?
Gelooft u me toch!
Wat irritant!

**b** Met z'n tweeën. **Spreek de zinnen in a om de beurt uit. Geef elkaar feedback op de intonatie.**

## 7a Heb je ook een keer zoiets meegemaakt als Djamal? Schrijf steekwoorden in het Nederlands op.

**b** EXTRA HULP **Orden je steekwoorden uit a voor een verslag. Gebruik de onderstaande vragen.**

Wanneer was het? • Wat was het probleem? • Hoe heb je gereageerd? • Wie heeft je geholpen? • Wat was de oplossing? • Was je achteraf blij? Waarom (niet)?

**c** **Schrijf je verslag op een los blaadje. Gebruik je steekwoorden uit a.**

⇨ Technik: Schreiben

**d** **Geef je verslag aan je docent. Hij/Ze verdeelt de verslagen onder de leerlingen. Lees het verslag dat je hebt gekregen. Vertel in het Duits aan de klas wat er gebeurd is. De anderen raden wie dit meegemaakt heeft.**

⇨ werkboek 3–7

# B. Ik vond het heel spannend

## 1 a Lees de tekst en neem alle woorden met een hoofdletter over in je schrift.

### Terug naar je eige land!

Tim Hofman is presentator en journalist. Hij presenteert onder andere het onlineprogramma *#BOOS*. Dit programma kun je via YouTube bekijken.
Als je boos bent op iets of iemand dan kun je je verhaal naar het programma mailen. Mogelijk probeert Tim dan het probleem op te lossen. Vaak lukt dat ook, maar niet altijd. Grappig is dat het programma eigen spellingsregels hanteert en dat Tim woorden anders uitspreekt dan normaal. Bijvoorbeeld *eige* i. p. v. *eigen*, *okeej* i. p. v. *oké* of *polertiek* i. p. v. *politiek*.
Voor het programma maakten Tim en zijn team ook de documentaire *Terug naar je eige land!*. Daarin maakt Tim kennis met asielzoekerskinderen die niet in Nederland mogen blijven. Het gaat om meer dan 400 kinderen die al langer dan vijf jaar in Nederland wonen, maar weg moeten omdat ze geen asiel krijgen. Reden genoeg voor Tim om boos te worden. Als voorbeeld laat Tim Nemr zien. Nemr is een Irakese jongen van negen jaar die in Nederland is geboren, maar met zijn ouders terug moet naar Irak.
Binnen 24 uur nadat de documentaire te zien was, tekenden 100.000 mensen een petitie tegen de uitzetting. Uiteindelijk werden het meer dan 250.000 handtekeningen. De Tweede Kamer, het parlement van Nederland, heeft het onderwerp behandeld. De aandacht in de media zorgde uiteindelijk ervoor dat de overheid alle gevallen nog een keer bekeek. Nemr mocht in Nederland blijven.

**b** Met z'n tweeën. **Bekijk de woorden uit a en schrijf de regels voor het hoofdlettergebruik op in je schrift. Geef per regel minimaal twee voorbeelden.**

Im Niederländischen verwendet man in folgenden Fällen Großbuchstaben:

| 1. | Beispiele: Nemr, NPO |
|---|---|
| 2. | |
| 3. | |

**!**
- In Briefen und E-Mails beginnt man nach der Anrede (mit Komma) wieder mit einem Großbuchstaben:
  *Beste Helen,*
  ***H**oe gaat het met je?*
- Beginnt ein Satz mit einem Apostroph, dann wird das zweite Wort großgeschrieben: *'t **I**s toch niet te geloven.*
- In Städtenamen, die mit *'s* beginnen, wird das Wort nach dem *'s* großgeschrieben: *'s-**H**ertogenbosch*

**c** EXTRA UITDAGING **Ga naar het YouTube-kanaal van *#BOOS*. Kies een filmpje en bekijk het. Schrijf woorden uit het filmpje op die verkeerd gespeld zijn. Wat is de juiste spelling van die woorden?**

⇨ werkboek 8, 9

## 2 Welk woord hoort bij welk leesteken?

het vraagteken • de komma • de dubbele punt • de aanhalingstekens • de punt • het uitroepteken

## 3 Met z'n tweeën.

**Leerling A werkt met de onderstaande zinnen, leerling B werkt met de zinnen op pagina 111. Neem de zinnen aan de linkerkant over in je schrift en zet de juiste leestekens. Vraag daarna je partner of je het goed hebt gedaan. Beantwoord de vragen van je partner met behulp van de zinnen aan de rechterkant.**

1. Gelooft u me toch
2. N M I is de afkorting voor het Nederlands Migratie Instituut
3. Vergeet niet je ov-chipkaart je zorgpas je paspoort en je schoolpasje mee te nemen
4. Hoewel Tim altijd zijn best doet kan hij niet alle problemen oplossen

1. Ik moet het deze keer zelf oplossen, mevrouw.
2. Na meer dan 40 jaar in Nederland wil Ramdien weer terug naar Suriname: "Ik heb het in Nederland heel goed gehad, maar nu wil ik toch weer teruggaan naar mijn geboorteland."
3. Hoelang woon je al in Nederland?
4. Tim schrijft polertiek i.p.v. politiek.

- Na het woord … heb ik een komma gezet. Klopt dat?
- Ja, dat klopt. …

**g** Kommas werden im Niederländischen vor allem in den folgenden Fällen gesetzt:

- in Aufzählungen: *Met een ov-chipkaart kun je met bus, trein, tram en metro reizen.*
- zwischen Haupt- und Nebensatz normalerweise nur dann, wenn der Nebensatz dem Hauptsatz vorausgeht: *Als je een los kaartje koopt, betaal je 1 € servicekosten.*
- zwischen zwei Hauptsätzen, z. B. wenn der zweite Hauptsatz mit *want* oder *maar* beginnt: *Dat is erg jammer, maar ik kan de kaart niet voor je blokkeren.*
- vor oder nach dem Namen / der Anrede einer angesprochenen Person: *Klaas, hoe gaat het? / Wat kan ik voor u doen, meneer?*

⇨ werkboek 10

## 4 Met z'n tweeën.

**Leerling A werkt met de onderstaande tekst, leerling B werkt met de tekst op pagina 111. Schrijf de tekst op in je schrift. Dicteer elkaar de blauwe zinnen zodat jullie allebei de hele tekst hebben. Vergelijk dan beide teksten. Let vooral op het gebruik van hoofdletters en leestekens. Lees elkaar dan om de beurt de hele tekst hardop voor.**

Nederland is altijd al een land met veel migranten geweest. ▬ Sanja de Graaf is een van de vele vluchtelingen die tijdens de oorlog in Joegoslavië in de jaren 90 uit Kroatië naar Nederland kwamen. Toen was ze een kind van twaalf. ▬ Op de vraag of ze nog weet hoe ze zich de eerste weken en maanden in Nederland voelde, zegt ze: "Ik vond het allemaal heel spannend. Mijn ouders hadden het toen niet zo makkelijk. Vooral mijn moeder was heel erg depressief. ▬ Ze miste mijn oudere broer heel erg die in Kroatië nog in het leger zat." ▬ Haar hele familie woont nu weer in Kroatië. Vaak vragen mensen: "Vind je het niet erg om helemaal alleen in Nederland te zijn?" Haar antwoord is dan altijd: "Nee, helemaal niet! Ik heb mijn man, mijn vrienden en mijn werk in Nederland. Ik mis mijn ouders wel, maar met het vliegtuig ben ik er zo."

⇨ werkboek 11

# C. Discriminatie is niet toegestaan

**1** Lees artikel 1 van de Nederlandse grondwet. Wat staat erin?

*Grondwet voor het Koninkrijk der Nederlanden 1815*

*— Artikel 1 —*

*Allen die zich in Nederland bevinden, worden in gelijke gevallen gelijk behandeld. Discriminatie wegens godsdienst, levensovertuiging, politieke gezindheid, ras, geslacht of op welke grond dan ook, is niet toegestaan.*

**2** Neem de tabel over in je schrift. Schrijf de woorden in de juiste kolom.

het christendom · de veganist · vrouwelijk · homoseksueel · heteroseksueel · de atheïst · het hindoeïsme · het boeddhisme · de rechts-radicaal · het jodendom · transgender · de pacifist · mannelijk · de islam · de liberaal

| de godsdienst | persoon met een bepaalde levensovertuiging of politieke gezindheid | het geslacht / de seksuele geaardheid |
|---|---|---|
| | | |

**3** EXTRA UITDAGING Met z'n tweeën. Op welke gronden worden mensen gediscrimineerd? Verzamel enkele voorbeelden.

## 4 Hoe heten de gebouwen? Welke gelovige hoort bij welk gebouw?

de jood • de kerk • de tempel • de moslim • de moskee • de christen • de synagoge • de boeddhist • de hindoe

ⓘ 49 % der Einwohner der Niederlande gehören einer Konfession an. Die *rooms-katholieke kerk* verzeichnet die meisten Mitglieder – vor allem im Süden der Niederlande. Die *Protestantse Kerk in Nederland (PKN)* hat vor allem im Norden, Nordosten und Südwesten viele große Gemeinden. Hier gibt es zahlreiche Strömungen, z. B. *hervormde*, *gereformeerde* und *evangelisch-lutherse gemeenten*. Ca. 5 % der Einwohner der Niederlande sind Muslime und ca. 6 % gehören anderen Religionsgemeinschaften (z. B. *jodendom*, *hindoeïsme*, *boeddhisme*) an. Lediglich 16 % der Bevölkerung gehen regelmäßig, mindestens einmal im Monat, in die Kirche, Synagoge oder Moschee.

⇨ werkboek 12, 13

## 5a Op welke scholen zitten de leerlingen? Hoeveel leerlingen hebben die scholen? Wat vinden de leerlingen leuk aan hun school? Neem de tabel over in je schrift. Luister dan en vul de tabel aan. ▶ 20

| naam | school | aantal leerlingen | wat de leerling leuk vindt aan de school |
|---|---|---|---|
| Ayda | *Christelijk Lyceum De Passie* | ▬ | ▬ |
| Klaas | ▬ | ▬ | *dat er Amerikaanse en Engelse docenten zijn* |
| Jacinta | *Montessori College Noord* | ▬ | ▬ |

**b** Luister nog eens en maak aantekeningen bij de onderstaande punten. ▶ 20

soort school • docenten • leerlingen • bijzonderheden onderwijs

**c** Met z'n tweeën. Welke school uit a vind jij het leukst? En waarom? Wissel van gedachten.

**d** Hoe kun je jouw school beschrijven? Maak aantekeningen bij de punten in b.

**e** Met z'n tweeën. Beschrijf je partner jullie school. Luister ook naar zijn/haar beschrijving. Komen jullie beschrijvingen overeen?

## 6a Bekijk de posters van Loesje. Welk gemeenschappelijk onderwerp hebben ze?

ℹ Loesje ist eine fiktive junge Frau aus Arnhem, die seit 1983 monatlich mit kurzen und witzigen Texten aktuelle Themen kommentiert. Ihre Sprüche werden überall und teils illegal an Hauswände, Stromkästen und Masten geklebt. Inzwischen ist Loesje nicht nur in den Niederlanden, sondern u.a. auch in Deutschland aktiv.

**b** Met z'n tweeën. **Kies een van de posters in a. Welke woorden kennen jullie niet? Gebruik een woordenboek of vraag je docent om hulp. Beantwoord de onderstaande vragen en leg dan de boodschap van de poster aan jullie klasgenoten uit.**

1. Wat is het onderwerp van de poster?
2. Wat zou de reden voor Loesje geweest kunnen zijn om deze poster te ontwerpen?
3. Kunnen jullie een situatie beschrijven die bij de poster past?

**c** **Stel je voor dat jullie als project een Nederlandstalig blog maken. Schrijf daarvoor een artikel over Loesje. Kies als voorbeeld een van de posters in a en leg de boodschap uit. Geef ook je mening over de poster. Wat is volgens jou een oplossing voor het probleem dat Loesje aanspreekt?**

*Ik ben van mening dat ...*
*Naar mijn mening ...*
*Volgens mij ...*
*Ik heb het idee dat ...*
*Hoewel ik het eens ben met ..., begrijp ik ook ...*
*Mijn voorstel is om ...*
*Ik stel voor om ...*

⇨ Technik: Schreiben
⇨ werkboek 14–19

# Aan de slag!

**a** **In de groep.** Vorm groepjes van vier personen. Bespreek de onderstaande stellingen. Bedenk per stelling minimaal twee argumenten ervoor en twee argumenten ertegen. Schrijf steekwoorden op.

Iemand die anderen pest op sociale media mag geen account meer hebben.

Als je altijd direct bent en zegt wat je denkt, bereik je het meeste.

Iedereen moet meehelpen om het op school gezellig te maken.

**b** **Met z'n tweeën.** Werk de argumenten uit a uit en schrijf ze in hele zinnen op.

**c** **In de groep.** Kom weer bijeen met het groepje uit a. Leg de uitgewerkte argumenten uit b aan elkaar voor. Geef elkaar feedback op de formuleringen en gebruik de feedback van de anderen om de argumenten te verbeteren.

**d** Jullie houden een discussiewedstrijd. Verdeel voor de eerste ronde de onderstaande rollen in de klas.

| drie juryleden | een tijdbewaker | groepje *voor* | groepje *tegen* |
|---|---|---|---|
| | | (drie leerlingen) | (drie leerlingen) |
| **taak:** | **taak:** | **taak:** | **taak:** |
| De juryleden kiezen een van de drie stellingen voor de discussie en bepalen het winnende groepje. | De tijdbewaker geeft het startsein en let op te tijd. | Dit groepje geeft argumenten voor de stelling. | Dit groepje geeft argumenten tegen de stelling. |

**e** De groepjes *voor* en *tegen* gaan tegenover elkaar zitten. De jury leest de gekozen stelling voor. De twee groepjes hebben drie minuten de tijd om over de stelling te discussiëren. Daarna overleggen de juryleden en wijzen het winnende groepje aan.

Je hebt gelijk, maar ...
Ik vind niet/wel dat ...
Ik vind dat grote onzin.
Ik ben het niet met je eens omdat ...
Dat klopt echt niet, want ...

**f** Verdeel de rollen opnieuw en ga door met de volgende ronde van de wedstrijd.

ein Gebäude beschreiben • ein Kunstwerk beschreiben • Auskunft über den eigenen Kunstgeschmack geben • jemandem etwas empfehlen

# 8 Uit de kunst

**Bekijk de gevelstenen. Wat staat erop? Wie zou er in deze huizen gewoond kunnen hebben?**

# A. We staan nu op de Piet Heinkade

**1 a** EXTRA HULP Met z'n tweeën. **Wat doe je *voor, tijdens* en *na* het beluisteren van een luistertekst? Schrijf in het Duits tips op die je helpen bij het begrijpen van luisterteksten.**

| vor dem Hören | während des Hörens | nach dem Hören |
|---|---|---|
| – Ich lese die Aufgabenstellung und überlege mir worauf ich achten muss.<br>– … | – Wenn ich etwas nicht sofort verstehe, dann …<br>– … | – Ich spreche mit einer Mitschülerin / einem Mitschüler über …<br>– … |

➪ Technik: Hören

**b** **Luister en beantwoord de vragen.** 21

1. Wie luisteren naar de spreker?
2. Over welke stad gaat de luistertekst?
3. Wat wordt er beschreven?

**c** **Bekijk de foto's. Luister dan nog eens. Welke gebouwen worden er beschreven? En in welke volgorde?** 21

## 2a EXTRA HULP Luister nog eens en zet de zinnen in de juiste volgorde. 21

a. We staan nu op de Piet Heinkade.
b. Aan de rechterkant zien jullie nog enkele pakhuizen waarin nu woningen, kantoren en restaurants zijn.
c. Ik ben heel blij om met jullie deze bijzondere stadswandeling door het Oostelijk Havengebied van Amsterdam te kunnen maken.
d. Nu gaan we weer terug naar het centraal station.
e. IJburg is de nieuwe woonwijk in het IJmeer, gebouwd op kunstmatige eilanden.
f. We stappen nu op de boot om de rest van het Oostelijk Havengebied vanaf het water te ontdekken.

**b** Luister nog eens en schrijf op welke kenmerken van de gebouwen beschreven worden. 21

de Centrale Bibliotheek • het Muziekgebouw aan het IJ • het Pakhuis de Zwijger • de huizen op het Java-eiland • de Enneüs Heermabrug

**c** EXTRA UITDAGING Pak of print een plattegrond van de binnenstad van Amsterdam. Luister nog eens en teken de weg op de plattegrond. 21

## 3a Ken je de gebouwen in 1c die niet in de luistertekst voorkomen? Waar staan ze?

**b** Beschrijf een van de gebouwen in 1c die niet in de luistertekst voorkomen. Maak eerst aantekeningen. Gebruik een woordenboek of vraag je docent om hulp. Vertel dan aan de klas hoe het gebouw eruitziet.

*Het gebouw wordt gekenmerkt door ...*
*Aan de ene kant / andere kant van het gebouw ...*
*Aan de rechterkant/linkerkant van het gebouw ...*
*Het gebouw lijkt op ...*
*Op de begane grond / de tweede etage / het dakterras /...*
*Het gebouw is heel bijzonder/opvallend/futuristisch/...*

Technik: Schreiben

## 4a Met z'n tweeën. Stel je voor dat jullie bezoek krijgen van jullie partnerschool in Nederland. Je leidt de gasten rond in je eigen stad of een stad in de buurt die je goed kent. Kies drie interessante gebouwen in de stad. Beschrijf deze gebouwen schriftelijk. Schrijf minimaal 50 woorden per gebouw.

**b** EXTRA UITDAGING Met z'n tweeën. Maak een brochure met een stadswandeling. Neem de onderstaande onderdelen op in de brochure. Gebruik de beschrijvingen uit a.

plattegrond met de route • beschrijving van de route • beschrijving van interessante gebouwen • wetenswaardigheden • foto's

werkboek 1–4

# B. Het gebouw is heropend

## 1 a Lees de tekst. Wat kom je over het Rijksmuseum te weten?

### *Beknopte geschiedenis van het Rijksmuseum Amsterdam*

Het Rijksmuseum werd in 1800 geopend. Toen heette het nog de Nationale Kunstgalerij en stond het in Den Haag. Acht jaar later werd de verzameling in het Paleis op de Dam in Amsterdam ondergebracht. De collectie groeide met de jaren en daarom werd besloten een nieuw museum te bouwen. Dit gebouw werd door de architect Pierre Cuypers ontworpen en in 1885 werd het Rijksmuseum in gebruik genomen. Aan het einde van de 20e eeuw voldeed het gebouw niet meer aan de eisen van een modern museum en was het te klein voor het grote aantal kunstwerken. In 2003 werd begonnen met de ingrijpende en langdurige verbouwing die het Rijksmuseum tot een museum van de 21e eeuw moest maken. In april 2013 is het museum door de toenmalige koningin Beatrix officieel heropend. Sindsdien is het er elke dag heel druk. Gemiddeld wordt het museum door 7.000 tot 10.000 kunstliefhebbers per dag bezocht. Veel Nederlandse leerlingen bezoeken het museum met hun klas. Er worden workshops voor leerlingen gegeven of de leerlingen worden rondgeleid door een gids die weet wat jongeren leuk vinden.

**b** Ga naar de website van het Rijksmuseum. Bekijk de collectie in het *Rijksstudio* op de website. Kies een schilderij dat je bijzonder mooi vindt en laat het zien aan je klasgenoten. Wat is de titel van het schilderij? Wie heeft het geschilderd? In welk jaar?

⇨ werkboek 5

## 2a Met z'n tweeën. Bekijk de twee zinnen. Wat is het verschil?

De architect ontwerpt het nieuwe gebouw. → Het nieuwe gebouw wordt door de architect ontworpen.

**b** Het passief.

| | | | | | | |
|---|---|---|---|---|---|---|
| **Aktiv** | De architecten | ontwikkelen | een nieuw project. | | | |
| | Subjekt | Prädikat | Objekt | | | |
| **Passiv** | | | Een nieuw project | wordt | (door de architecten) | ontwikkeld. |
| | | | Subjekt | Prädikat | *door* + ehem. Subjekt | Prädikat |

**g**

- Wie im Deutschen gibt es im Niederländischen Sätze im Aktiv und Sätze im Passiv. Während in einem Aktivsatz die handelnde Person wichtig ist, steht in einem Passivsatz die Handlung oder deren Resultat im Vordergrund.
- Aus dem Objekt des Aktivsatzes wird das Subjekt des Passivsatzes. Wenn das Subjekt des Aktivsatzes auch im Passivsatz angegeben werden soll, dann geschieht das mit Hilfe der Präposition *door* (im Deutschen *von*, im Englischen *by*).

## 3a Met z'n tweeën. Neem de onderstaande tabel over in je schrift. Vul in de linkerkolom de tijd en in de rechterkolom de regel voor de werkwoordsvormen in het passief in.

| actief | passief |
|---|---|
| 1. *presens*<br>De directeur **opent** het gebouw. | *presens van worden + participium*<br>Het gebouw **wordt** (door de directeur) **geopend**. |
| 2. ▬<br>De directeur **heeft** het gebouw **geopend**. | ▬<br>Het gebouw **is** (door de directeur) **geopend**. |
| 3. ▬<br>De directeur **opende** het gebouw. | ▬<br>Het gebouw **werd** (door de directeur) **geopend**. |
| 4. ▬<br>De directeur **zal** het gebouw **openen**. | ▬<br>Het gebouw **zal** (door de directeur) **worden geopend**. |

## b Met z'n tweeën. Vertaal de zinnen in a in het Duits. Wat valt jullie op?

⇨ werkboek 6–8

## 4 Bekijk het schilderij van de Vlaamse schilder Pieter Bruegel de Oude en beschrijf wat je ziet.

Op het schilderij zie je …
Het lijkt erop dat …
Typerend voor het schilderij is/zijn …
Wat opvalt is/zijn …

De kleuren zijn helder/donker/intens.
Het schilderij wordt gekenmerkt door …
De personen op het schilderij zijn …
Opvallend is/zijn …

## 5 Lees de tekst, bekijk het schilderij in 4 nog eens en beantwoord de vragen.

Pieter Bruegel de Oude schilderde het olieverfschilderij 'Nederlandse spreekwoorden' in 1559. Op het schilderij zijn meer dan 100 Nederlandse en Vlaamse spreekwoorden en gezegdes afgebeeld. Hoeveel het er precies zijn, kan niemand met zekerheid zeggen omdat veel spreekwoorden tegenwoordig niet meer gebruikt worden. Het schilderij hangt in de *Gemäldegalerie* in Berlijn.

**Tipp!** Vielleicht habt ihr die Gelegenheit, euch dieses beeindruckende Gemälde bei einem Besuch in Berlin auch einmal in voller Größe im Museum anzusehen.

1. Wat is er bijzonder aan dit schilderij?
2. Kun je een spreekwoord vinden dat in het Duits ook bestaat?

## 6a Welk gezegde hoort bij welk fragment uit het schilderij?

a. achter het net vissen • b. door de mand vallen • c. op hete kolen zitten • d. aan het langste/kortste eind trekken • e. een oogje in het zeil houden • f. met het hoofd tegen de muur lopen

## b Wat betekenen de gezegdes in a? Welke gezegdes bestaan ook in het Duits of in een andere taal die je spreekt? Schrijf de gezegdes, de Nederlandse omschrijvingen en, indien mogelijk, de vertalingen op in je schrift.

goed op iets letten • niet kunnen bereiken wat je wil • betrapt worden • te laat zijn • ongeduldig wachten • winnen/verliezen

➪ werkboek 9

# C. Dat is echt een aanrader

**1 a** Neem de tabel over in je schrift. Schrijf de woorden in de juiste kolom. Schrijf woorden die bij elkaar horen op dezelfde regel.

de muziek, de literatuur, de schilder, de muzikant, de dichter, de acteur, de schilderes, het muziekstuk, het nummer, het schilderij, de beeldhouwer, het beeld, de dichteres, het toneel, het verhaal, het gedicht, het standbeeld, de schrijfster, de actrice, de muzikante, de componiste, de beeldhouwkunst, de componist, de schilderkunst, het concert, de roman, de schrijver, het toneelstuk, de beeldhouwster

| kunstvorm | kunstenaar/kunstenares | kunstwerk |
|---|---|---|
| de schilderkunst | | |
| | de componist, de componiste, de muzikant, ... | |
| ... | ... | ... |

**b** Met z'n tweeën. Welke andere woorden horen bij dit onderwerp? Schrijf alles op wat in jullie opkomt. Gebruik een woordenboek of vraag je docent om hulp.

werkboek 10

**2a** In de groep. Waar houden je klasgenoten van? Loop rond en vraag het hun.

- Houd je van muziek/schilderkunst/toneel/literatuur/...?
- Ik houd wel van literatuur, maar ik vind ...
- Waarom vind je klassieke muziek (niet) leuk?
- Omdat ik ...
- Wat is je favoriete band/film/...?
- Mijn lievelingsband is ... omdat ...
- Heb je een favoriet muziekstuk/nummer/schilderij/...?
- Ik vind ... van ... erg mooi.
- Hoe vaak ga je naar een museum/concert/...?
- Ik ga niet vaak naar een concert, maar ...

**b** In de groep. Loop rond en raad je klasgenoten een museum, concert of film aan.

- Mijn ouders willen dit weekend naar een museum. Ik mag kiezen. Heb jij misschien een tip?
- Ja, hoor. We waren laatst in museum Voorlinden. Daar hebben ze een zwembad waarin je kan lopen. Dat kan ik je echt aanraden. Als je je niet wil vervelen, dan moet je daar echt een keer naartoe gaan.

- Morgen komt mijn tante op bezoek. Ik wil graag iets gezelligs met haar doen. Ze houdt van klassieke muziek, maar daar heb ik geen verstand van. Weet u misschien wat ze leuk zou vinden?
- Vrijdag is er een straatconcert op de Grote Markt. Er spelen heel wat bandjes en orkesten. Dat is echt een aanrader.

- Op zaterdag wil ik met Ton naar de bioscoop. Ben jij de laatste tijd nog naar de bios geweest? Heb je tips?
- Ja, hoor. Ik heb laatst de film *De Brugklas – Tijd van mijn leven* gekeken. Dat lijkt me echt iets voor jou. Het is een erg grappige film. Ik kan hem echt aanbevelen.

werkboek 11, 12

## 3a Met z'n tweeën. Bespreek de onderstaande vragen.

1. Hoe zag je als baby eruit?
2. Welke uiterlijke kenmerken had je toen al die je nu nog steeds hebt?
3. Waarom zijn veranderingen aan het uiterlijk van mensen misschien interessant voor een kunstenaar?

## b Lees de tekst. Wat kom je over de fotograaf en zijn motief te weten?

### *Lotte en Vince zijn wereldbekend*

Miljoenen mensen hebben de films van Lotte en Vince op internet gezien. Hun vader, de fotograaf Frans Hofmeester uit Utrecht, maakt van zijn kinderen zogenaamde *timelapse*-films. Sinds hun geboorte filmt hij elke week hun gezicht, en dat altijd voor dezelfde achtergrond: een babydekentje. Hij wil zo laten zien wat de tijd doet met een mens, hoe het uiterlijk van personen wordt beïnvloed door hun leeftijd, maar ook door de tijd waarin ze leven.

Niet alleen op Internet zijn de films te zien. Veel tv-programma's in Europa, de VS en zelfs Azië lieten de films aan hun publiek zien. Delen uit de films zijn ook in de reclame gebruikt. In de VS is met behulp van de films software ontwikkeld die helpt bij het opsporen van verdwenen kinderen. De software kan het uiterlijk van de kinderen op oude foto's aanpassen. Zo weet men ongeveer hoe ze er nu uitzien. En uiteraard zijn de films van Frans Hofmeester inmiddels in musea over de hele wereld te zien.

Hoelang het project nog zal doorgaan, is niet duidelijk. Lotte en Vince worden nog steeds elke week gefilmd – in ieder geval zo lang ze er nog zin in hebben.

## c Bekijk op internet de films van Frans Hofmeester en beantwoord de vragen schriftelijk.

1. Is dit project volgens jou een kunstwerk?
2. Wat is volgens jou zo bijzonder aan deze films dat ze door zoveel mensen worden bekeken?
3. Zou je ook zo een filmpje van jezelf willen hebben? Waarom (niet)?

*Ik vind de films (geen) kunst, omdat ...*
*Het is bijzonder dat Lotte en Vince ...*
*Veel mensen herkennen in Lotte en Vince ...*
*Mensen vinden het volgens mij interessant om ...*
*Ik zou (niet) graag zo'n filmpje van mezelf willen hebben omdat ...*

## d EXTRA UITDAGING Neem een aantal (portret)foto's van jezelf (of een andere persoon) mee naar de les. Laat de foto's aan de klas zien en beschrijf wat er veranderd is.

een foto waarop je een paar dagen oud bent • een foto waarop je ongeveer drie jaar oud bent • een foto die gemaakt is toen je voor het eerst naar school ging • een foto die gemaakt is toen je voor het eerst naar de middelbare school ging • een foto uit de afgelopen twee weken

**4a Met z'n tweeën.** **Leerling A werkt met de onderstaande informatie, leerling B werkt met de informatie op pagina 112. Bekijk de kunstwerken en vraag je partner naar de ontbrekende informatie.**

___
woon- en winkelgebouw
Verlengde Nieuwsstraat in ___
in 2014 geopend door ___
kunstwerk aan de binnenkant:
uitvergrote bloemen, ___,
granen, ___, ___

**"Het Zinneke"**
standbeeld
Kartuizerstraat/Graanmarkt in ___
in 1998 gemaakt door Tom Frantzen
in 2015 door een auto aangereden
wordt ook "Zinneke Pis" genoemd

**"Grote Gouden Vette Vredesduif"**
beeld
museum De Fundatie
Blijmarkt in Zwolle
in 2002 gemaakt door Marte Röling
3,5 m lang en 2 m hoog

**Lichtfestival**
Gent
5 km wandeltocht door de stad
langs verlichte gebouwen
o. a. Onze-Lieve-Vrouw-Sint-Pieterskerk op het Sint-Pietersplein in Gent
vindt ___ plaats

**Bloemencorso Bollenstreek**
___ km lange tocht van
___ naar ___
ca. 20 wagens met ___,
hyacinten en narcissen

**"De Nachtwacht"**
beeldengroep
Rembrandtplein in Amsterdam
22 bronzen figuren na het schilderij
van Rembrandt van Rijn
in ___ gemaakt door de Russische kunstenaars Alexander Taratynov en Mikhail Dronov
stond eerst in Den Haag voor het Paleis Noordeinde
sinds 2006 in Amsterdam

**Stationsgebouw**
Station Rotterdam Centraal
in 2014 door koning Willem-Alexander geopend
bijnamen: kapsalon, haaienbek, grote muil, patatzak

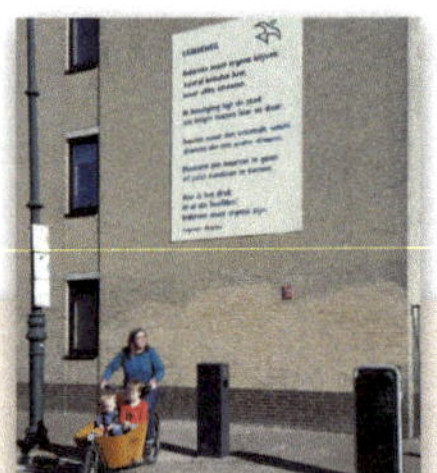

**"Leidseweg"**
muurgedicht
___ in Utrecht
geschreven door Ingmar Heytze
in 2016 op een muur langs een drukke fietsstraat geschilderd

**Graffitistraatje**
Werregarenstraat
in ___
autovrije straat
ontstaan in 1995
oefenplek voor beginners
graffiti spuiten eigenlijk verboden

- Hoe heet het standbeeld van de hond?
- Dit standbeeld heet "Het Zinneke". Waar staat …

**b** EXTRA UITDAGING **Met z'n tweeën.** **Welk kunstwerk in a vinden jullie het interessantst? En waarom? Wissel van gedachten.**

→ werkboek 13–17

# Aan de slag!

**a** Lees de onderstaande opdrachten. Welke opdrachten lijken je leuk om te doen?

Maak een aantal foto's in je school en in de omgeving van je school. Let erop dat er geen mensen op staan. Maak van de foto's een collage (digitaal of met schaar en lijm). Maak duidelijk welke rol de verschillende plaatsen voor je spelen. Laat je collage aan twee klasgenoten en je docent zien. Beschrijf wat erop staat.

Ga naar de schoolbibliotheek en kies een Nederlandstalig boek of laat je door je docent een boek aanraden. Lees de flaptekst. Maak aantekeningen bij de onderstaande punten. Vertel twee klasgenoten en je docent iets over het boek.

Van wie is het boek? • Waar gaat het over? • Zou je het hele boek willen/kunnen lezen? Waarom (niet)?

Zoek op internet een Nederlandstalig nummer (pop, hiphop, ...). Zoek ook de tekst van het nummer. Luister naar het nummer en lees de tekst. Maak aantekeningen bij de onderstaande punten. Schrijf minimaal 100 woorden over het nummer.

Wie is de artiest? • Waar gaat het nummer over? • Wat vind je leuk aan het nummer? • Wat vind je er minder leuk aan?

Schrijf twee korte gedichten van vier regels. Het begin van het eerste gedicht en het einde van het tweede gedicht staan hieronder. Lees je gedichten voor aan twee klasgenoten en je docent.

Gedicht 1:
*Ik houd van ...*
...
Gedicht 2:
...
*... is het leukste wat er is.*

Zoek op internet een schilderij of tekening van een van de onderstaande kunstenaars. Beschrijf het schilderij / de tekening schriftelijk. Schrijf ook iets over de kunstenaar en wat je ervan vindt. Schrijf minimaal 100 woorden.

Johannes Vermeer • Dick Bruna • Peter Paul Rubens • Piet Mondriaan • René Magritte

Maak zelf een schilderij of tekening met een van de onderstaande onderwerpen. Laat je schilderij/tekening aan twee klasgenoten en je docent zien en vertel iets erover.

Noordzee/Waddenzee • feest • familie • vakantie in Nederland/Vlaanderen • vriendschap

Bekijk de onderstaande woorden en maak er een verhaal van minimaal 100 woorden van. Lees je verhaal voor aan twee klasgenoten en je docent.

kunstenaar • toerist • directeur • museum • boek • boot • colaatje • fietsen • fantastisch • lang

Houd een interview met een van je klasgenoten over zijn/haar creatieve activiteiten in de vrije tijd. Stel minimaal vijf vragen. Vat de antwoorden van je klasgenoot schriftelijk samen.

Zoek op internet een Nederlandstalig reclamefilmpje van een product dat ook in Duitsland te koop is. Maak aantekeningen bij de onderstaande punten. Vertel iets over het filmpje aan twee klasgenoten en je docent.

Om welk product gaat het? • Wat is de inhoud van het filmpje? • Vind je dat het filmpje kunstvol is? Waarom (niet)?

**b** Maak drie van de opdrachten in a op een rij (horizontaal →, verticaal ↓ of diagonaal ↘).

# Tussenstop 4

**1a** **Met z'n drieën.** Bekijk de onderstaande woorden en maak er een verhaal van. Hoe groter de woorden, hoe vaker ze in het verhaal moeten voorkomen. Lees dan de klas jullie verhaal voor. De leerlingen uit de andere groepjes maken aantekeningen.

leuk pen vergeten schrijver fantastisch mobiele directeur ov-chipkaart tekenen toerist grappig frietjes mooi fietsen koning telefoon vragen

**b** Kies een van de verhalen van je klasgenoten en herschrijf het. Let op: het verhaal speelt zich nu 25 jaar later af.

**c** **Met z'n tweeën.** Geef jouw tekst aan je partner. Kijk de tekst van je partner na en probeer minimaal vijf taalfouten te verbeteren. Vraag ook je docent om hulp. Bekijk de verbeteringen van je partner en markeer dingen die je niet begrijpt. Bespreek daarna jullie teksten en de verbeteringen.

**2** Drie leerlingen gaan voor in het lokaal staan en spelen de onderstaande rollen. De andere leerlingen mogen vragen stellen, maar alleen in de tijdvorm die de drie leerlingen gebruikt hebben.

**leerling A**
Vertel iets over het verleden. Je kan bijvoorbeeld over gisteren, het afgelopen weekend of je vorige vakantie vertellen.

**leerling B**
Vertel iets over de tegenwoordige tijd. Je kan bijvoorbeeld vertellen hoe het met je gaat of wat je nu aan het doen bent.

**leerling C**
Vertel iets over de toekomst. Je kan bijvoorbeeld over morgen of je plannen voor het komende jaar vertellen.

⇨ werkboek 1, 2

**3a** Maak een toets over verschillende grammaticale onderwerpen. Kies onderwerpen uit de onderstaande lijst of andere onderwerpen die je belangrijk vindt. Bedenk zes kleine opdrachten en maak ook een antwoordsleutel.

perfectum • imperfectum • futurum • imperatief • passief • pronomina • adjectieven

**b** **Met z'n tweeën.** Geef je toets aan je partner en maak de toets die je partner bedacht heeft. Controleer dan je antwoorden met behulp van de sleutel. Bespreek eventuele vragen met elkaar.

⇨ werkboek 3, 4

**4a** Met z'n tweeën. Leerling A werkt met de onderstaande opdracht, leerling B werkt met de opdracht op pagina 113. Stel je voor dat jullie klas binnenkort op schoolreis naar Amsterdam gaat. Jullie zijn verantwoordelijk voor het programma van één dag. Bespreek eerst kort wat leuke activiteiten op een schoolreis zijn. Maak daarna b en c individueel en spreek niet met elkaar. Pas in d en e werken jullie weer samen.

**b** Welke omschrijving hoort bij welke foto? Wat komt in je op als je de foto's bekijkt? Maak aantekeningen.

een wassenbeeldenmuseum bezoeken • een grachtenrondvaart maken • naar de rommelmarkt gaan • een wetenschaps- en technologiemuseum bezoeken • appeltaart eten • relaxen in het park

**c** Kies drie van de activiteiten uit b die je graag wilt doen tijdens de schoolreis. Je wilt je partner van je keuze overtuigen. Schrijf een aantal argumenten op.

> *Ik wil graag ..., want ...*
> *Je kan daar heel goed ...*
> *... hebben we niet in ...*
> *... is heel bijzonder, want ...*
> *... is erg interessant/boeiend/leuk/...*

**d** Met z'n tweeën. Plan samen de activiteiten voor één dag van de schoolreis. Bespreek jullie voorkeuren en probeer het met elkaar eens te worden. Schrijf jullie programma op.

Aan het begin van de dag kunnen we …
's Middags is het leuk om …
Als we moe zijn, …
Als het regent, dan …
Ik denk dat iedereen het leuk vindt als we …

⇨ Technik: Gespräche führen

**e** Met z'n tweeën. Presenteer jullie programma aan de klas.

⇨ werkboek 5

## 5a Met z'n tweeën. Kennen jullie de onderstaande woorden? Bedenk omschrijvingen.

het paard • zwaaien • de conducteur • minderen • de spoordijk • razen • de ezel • leunen • de machinist • hangen

**b** Luister naar het gedicht. Welke woorden uit a komen in het gedicht voor? 22

**c** Neem de tabel over in je schrift. Welke woorden in de woordenwolk kunnen hetzelfde betekenen als de woorden in de tabel? Vul de tabel aan.

| | |
|---|---|
| uitdoen | |
| de mens | |
| slapen | |
| roepen | |
| het dier | |

de persoon rusten brullen het mannetje
hard zeggen het beest schreeuwen pitten
snurken het individu doven uittrekken
het schepsel uitschakelen

**d** EXTRA UITDAGING Met z'n tweeën. Bedenk zinnen waarin de woorden uit c voorkomen.

**e** Met z'n tweeën. Luister nog eens naar het gedicht en lees mee. Lees het hele gedicht daarna om de beurt hardop. Help elkaar met de uitspraak. 22

### De laatste trein

De lichten zijn overal uitgedaan.
Mensen en dieren zijn slapen gegaan,
behalve het paard in de Spoorweglaan.
Het staat in het gras van de nacht.
Het staat in het donker en wacht.

Luister, daar komt nog een trein voorbij,
over de spoordijk, vlak achter de wei.
De machinist knikt al, en mindert vaart.
Hij leunt wat naar buiten en roept: 'Dag paard!'
Hij zwaait met zijn pet en hij lacht.

En dáár heeft het paard op gewacht.

*Harriet Laurey*

**f** Met z'n tweeën. Waar gaat het gedicht over? Wissel van gedachten.

**g** EXTRA UITDAGING Schrijf een kort gedicht uit het perspectief van het paard of de machinist.

## 6 Stel je voor dat je een Nederlander of een Vlaming bent. Schrijf een tekst over je leven. Beantwoord de onderstaande vragen.

Waar en hoe woon je? • Hoe groot is je gezin/familie? • Wie zijn je vrienden? • Hoe ziet je dagelijks leven eruit? • Op welke school zit je? Wat doe je in je vrije tijd? • Wat is je lievelingssport? • Wat eet en drink je het liefst? • Leef je gezond? • Welke kranten/tijdschriften lees je? • Wat doe je meestal in het weekend? • Waar ben je de laatste keer op vakantie geweest?

➪ werkboek 6–8

## 7 Waar gaat na deze laatste tussenstop jouw reis naartoe? Beantwoord de onderstaande vragen schriftelijk.

1. Hoe vond je het vak Nederlands tot nu toe?
2. Wat vond je het leukst om te doen?
3. Wat vond je het meest interessant om te horen/lezen?
4. Wat vond je het saaist om te doen?
5. Ga je door met Nederlands leren?
6. Heb je tips om het vak leuker te maken?
7. Wat vond je van dit boek?

## 8a Zet de zinnen in de juiste volgorde.

a. Knap dat je Nederlands al zo goed is!
b. We hopen dat jullie het leuk vonden …
c. Hoi allemaal!
d. Misschien tot de volgende keer. Dag!
e. Vreemde talen spreken is erg belangrijk, …
f. We zijn nu aan het einde van dit boek aangekomen.
g. … vooral als het om de taal van buurlanden gaat.
h. … en wensen jullie ook in de toekomst nog veel succes en plezier met het Nederlands.

**b** Luister of je het goed hebt gedaan. ▶ 23

**c** Met z'n tweeën. Hoe kun je gebruikmaken van je kennis van het Nederlands? Wat kun je ermee bereiken? Wissel van gedachten.

➪ werkboek 9, 10

# Partneroefeningen

## Lektion 2, Teil A

**5** **Met z'n tweeën.** **Leerling A werkt met de informatie op pagina 27, leerling B werkt met de onderstaande informatie. Een van jullie doet boodschappen op de markt, de ander werkt als verkoper/verkoopster bij een marktkraam. Maak gebruik van de zinnen uit 2.**

**situatie 1:** Jij bent verkoper/verkoopster bij een marktkraam en je verkoopt zuivelproducten. Help je klant.

**situatie 2:** Je doet boodschappen bij de groenteboer. Je hebt € 15. Probeer zoveel mogelijk producten van je boodschappenlijst te kopen.

**boodschappenlijst**

- 1 doosje aardbeien
- 1,5 kg bananen
- 1 mango
- 2 kg aardappels
- 1 bosje wortels
- 2 courgettes
- 1,5 kg spinazie

⇨ **Technik: Gespräche führen**

# Lektion 7, Teil B

## 3

**Met z'n tweeën.** **Leerling A werkt met de zinnen op pagina 91, leerling B werkt met de onderstaande zinnen. Neem de zinnen aan de linkerkant over in je schrift en zet de juiste leestekens. Vraag daarna je partner of je het goed hebt gedaan. Beantwoord de vragen van je partner met behulp van de zinnen aan de rechterkant.**

1. Ik moet het deze keer zelf oplossen mevrouw
2. Na meer dan 40 jaar in Nederland wil Ramdien weer terug naar Suriname Ik heb het in Nederland heel goed gehad maar nu wil ik toch weer teruggaan naar mijn geboorteland
3. Hoelang woon je al in Nederland
4. Tim schrijft polertiek i p v politiek

1. Gelooft u me toch!
2. NMI is de afkorting voor het Nederlands Migratie Instituut.
3. Vergeet niet je ov-chipkaart, je zorgpas, je paspoort en je schoolpasje mee te nemen.
4. Hoewel Tim altijd zijn best doet, kan hij niet alle problemen oplossen.

- Na het woord … heb ik een komma gezet. Klopt dat?
- Ja, dat klopt. …

**g**

- Kommas werden im Niederländischen vor allem in den folgenden Fällen gesetzt:
- in Aufzählungen: *Met een ov-chipkaart kun je met bus, trein, tram en metro reizen.*
- zwischen Haupt- und Nebensatz normalerweise nur dann, wenn der Nebensatz dem Hauptsatz vorausgeht: *Als je een los kaartje koopt, betaal je 1 € servicekosten.*
- zwischen zwei Hauptsätzen, z. B. wenn der zweite Hauptsatz mit *want* oder *maar* beginnt: *Dat is erg jammer, maar ik kan de kaart niet voor je blokkeren.*
- vor oder nach dem Namen / der Anrede einer angesprochenen Person: *Klaas, hoe gaat het? / Wat kan ik voor u doen, meneer?*

## 4

**Met z'n tweeën.** **Leerling A werkt met de tekst op pagina 91, leerling B werkt met de onderstaande tekst. Schrijf de tekst op in je schrift. Dicteer elkaar de blauwe zinnen zodat jullie allebei de hele tekst hebben. Vergelijk dan beide teksten. Let vooral op het gebruik van hoofdletters en leestekens. Lees elkaar dan om de beurt de hele tekst hardop voor.**

Nederland is altijd al een land met veel migranten geweest. De meeste migranten zijn vluchtelingen die door oorlog en hongersnood verdreven zijn of arbeidsmigranten die op zoek zijn naar een beter economisch bestaan. ▬ Toen was ze een kind van twaalf. Ze heeft Nederlands geleerd, de middelbare school doorlopen, gestudeerd, een baan bij de Immigratie- en Naturalisatiedienst gevonden en is inmiddels met een Nederlander getrouwd. ▬ Mijn ouders hadden het toen niet zo makkelijk. Vooral mijn moeder was heel erg depressief. 's Morgens kon ze haar bed niet uitkomen en 's avonds kon ze niet slapen. ▬ Vorig jaar zijn de ouders van Sanja met behulp van het NMI teruggegaan naar Kroatië. Haar hele familie woont nu weer in Kroatië. ▬ Haar antwoord is dan altijd: "Nee, helemaal niet! Ik heb mijn man, mijn vrienden en mijn werk in Nederland. Ik mis mijn ouders wel, maar met het vliegtuig ben ik er zo."

# Lektion 8, Teil C

**4a** Met z'n tweeën. **Leerling A werkt met de informatie op pagina 104, leerling B werkt met de onderstaande informatie. Bekijk de kunstwerken en vraag je partner naar de ontbrekende informatie.**

**Lichtfestival**
___
5 km wandeltocht door de stad langs verlichte gebouwen
o. a. Onze-Lieve-Vrouw-Sint-Pieterskerk op het Sint-Pietersplein in Gent
vindt elke drie jaar plaats

**Markthal**
woon- en winkelgebouw
Verlengde Nieuwsstraat in Rotterdam
in 2014 geopend door koningin Maxima
kunstwerk aan de binnenkant: uitvergrote bloemen, vruchten, granen, vissen, insecten

**"Leidseweg"**
muurgedicht
Leidseweg 13 in Utrecht
geschreven door ___
in 2016 op een muur langs een drukke fietsstraat geschilderd

**Graffitistraatje**
Werregarenstraat in Gent
autovrije straat
ontstaan in 1995
oefenplek voor beginners
graffiti spuiten eigenlijk verboden

**Bloemencorso Bollenstreek**
40 km lange tocht van Noordwijk naar Haarlem
ca. 20 wagens met tulpen, hyacinten en narcissen

**"Het Zinneke"**
standbeeld
Kartuizerstraat/Graanmarkt in Brussel
in 1998 gemaakt door Tom Frantzen
in 2015 door een auto aangereden
wordt ook ___ genoemd

___
Station Rotterdam Centraal
in 2014 door ___ geopend
bijnamen: ___, ___, ___, ___

"___"
beeldengroep
Rembrandtplein in Amsterdam
22 bronzen figuren na het schilderij van Rembrandt van Rijn
in 2005 gemaakt door de Russische kunstenaars Alexander Taratynov en Mikhail Dronov
stond eerst in ___ voor het Paleis Noordeinde
sinds ___ in Amsterdam

**"Grote Gouden Vette Vredesduif"**
beeld
museum ___
Blijmarkt in Zwolle
in 2002 gemaakt door Marte Röling
___ lang en ___ hoog

- Hoe heet het standbeeld van de hond?
- Dit standbeeld heet "Het Zinneke". Waar staat …

**b** EXTRA UITDAGING Met z'n tweeën. **Welk kunstwerk in a vinden jullie het interessantst? En waarom? Wissel van gedachten.**

# Tussenstop 4

**4a** Met z'n tweeën. Leerling A werkt met de opdracht op pagina 107, leerling B werkt met de onderstaande opdracht. Stel je voor dat jullie klas binnenkort op schoolreis naar Amsterdam gaat. Jullie zijn verantwoordelijk voor het programma van één dag. Bespreek eerst kort wat leuke activiteiten op een schoolreis zijn. Maak daarna b en c individueel en spreek niet met elkaar. Pas in d en e werken jullie weer samen.

**b** Welke omschrijving hoort bij welke foto? Wat komt in je op als je de foto's bekijkt? Maak aantekeningen.

een historisch museum bezoeken • door de stad fietsen • naar de bloemenmarkt gaan • een kunstmuseum bezoeken • frietjes eten • de dierentuin bezoeken

**c** Kies drie van de activiteiten uit b die je graag wilt doen tijdens de schoolreis. Je wilt je partner van je keuze overtuigen. Schrijf een aantal argumenten op.

*Ik wil graag ..., want ...*
*Je kan daar heel goed ...*
*... hebben we niet in ...*
*... is heel bijzonder, want ...*
*... is erg interessant/boeiend/leuk/...*

**d** Met z'n tweeën. Plan samen de activiteiten voor één dag van de schoolreis. Bespreek jullie voorkeuren en probeer het met elkaar eens te worden. Schrijf jullie programma op.

Aan het begin van de dag kunnen we …
's Middags is het leuk om …
Als we moe zijn, …
Als het regent, dan …
Ik denk dat iedereen het leuk vindt als we …

⇨ Technik: Gespräche führen

**e** Met z'n tweeën. Presenteer jullie programma aan de klas.

# Woordenlijst

In dieser Wörterliste findest du den behandelten Wortschatz nach Lektionen sortiert.
Du kannst der Wörterliste die folgenden Informationen entnehmen:

**Teil B, Aufgabe 6a usw.**

**nicht fett: kein Lernwortschatz**

**fett: Lernwortschatz**

**Artikel, auf den du besonders achten musst**

**Beispielsatz**

**wichtiges Wortfeld**

| | | |
|---|---|---|
| B6a | het net | Netz |
| | **vissen** | angeln, fischen |
| | de mand | Korb |
| | **heet** | heiß |
| | de kool | Kohle |
| | **de muur** | Mauer, Wand |
| B6b | betrappen | erwischen |
| C1 | **de aanrader** | Tipp |
| | Deze film is een echte aanrader. | Dieser Film ist ein echter Tipp. |
| | **de muziek** | Musik |
| | **de literatuur** | Literatur |
| | **de schilder** | Maler |
| | **de muzikant** | Musiker |
| | **de dichter** | Dichter |
| | **de acteur** | Schauspieler |
| | **de schilderes** | Malerin |
| | **het muziekstuk** | Musikstück |
| | **het nummer** | Lied, Song |
| | **het schilderij** | Gemälde |

## Abkürzungen:

AS Auftaktseite
ADS *Aan de slag!*
WB *werkboek*

# Daar zijn we weer!

| | | |
|---|---|---|
| 1 | **de situatie** | Situation |
| 3a | overblijven | übrigbleiben |
| 3b | weglaten | weglassen |
| 5 | het familiefeest | Familienfest |
| | **de vreemde taal** | Fremdsprache |
| 6a | het lievelingswoord | Lieblingswort |
| 6b | **de reden** | Grund |
| | de verkiezing | Wahl |
| | de kennisvraag | Wissensfrage |
| WB | **de vragenlijst** | Fragebogen |
| | Vul de vragenlijst in. | Füll den Fragebogen aus. |
| | het voornemen | Vorsatz |

# 1 Een kaartje uit Bali

| | Nederlands | Deutsch |
|---|---|---|
| AS | **de afzender** | Absender |
| | **zoal** | alles |
| | Wat doen ze daar zoal? | Was machen sie dort alles? |
| | **nogal** | ziemlich |
| | toeristisch | touristisch |
| | de club | Club, Diskothek |
| | bijkomen | sich erholen |
| | We kunnen hier goed bijkomen. | Wir können uns hier gut erholen. |
| | Indonesië | Indonesien |
| | indrukwekkend | beeindruckend |
| | **de hoofdstad** | Hauptstadt |
| | De hoofdstad van Indonesië is Jakarta. | Die Hauptstadt von Indonesien ist Jakarta. |
| | koloniaal | kolonial |
| | **het verleden** | Vergangenheit |
| | We hebben veel geleerd over het koloniale verleden van Nederland. | Wir haben viel über die Kolonialgeschichte der Niederlande gelernt. |
| | de vulkaan | Vulkan |
| | **dichtbij** | nahe |
| | We hebben een vulkaan van dichtbij bekeken. | Wir haben uns einen Vulkan aus der Nähe angesehen. |
| | actief | aktiv |
| | **best** | ziemlich |
| | Best spannend! | Ziemlich aufregend! |
| | heilig | heilig |
| | het apenwoud | Affenwald |
| | **de heuvel** | Hügel |
| | de tempel | Tempel |
| | het graf | Grab |
| | het beeld | Skulptur, Statue |
| | overwoekerd | bewuchert |
| | enorm | enorm |
| | We maken enorm veel foto's. | Wir machen enorm viele Fotos. |
| A1b | **Wenen** | Wien |
| | **Kaapstad** | Kapstadt |
| A1c | het reisverhaal | Reiseerzählung |
| | de kabelbaan | Seilbahn |

| | Nederlands | Deutsch |
|---|---|---|
| | **boven** | oben |
| | We gingen met de kabelbaan naar boven. | Wir fuhren mit der Seilbahn nach oben. |
| | winderig | windig |
| | **stoer** | stark, toll |
| | Dat is best stoer! | Das ist ganz schön toll! |
| | de pinguïnkolonie | Pinguinkolonie |
| | Afrika | Afrika |
| | **doorheen** | durch |
| | tropisch | tropisch |
| | het regenwoud | Regenwald |
| | **misselijk** | schlecht |
| | Ik word misselijk in de bus. | Mir wird beim Busfahren schlecht. |
| | de hangmat | Hängematte |
| | superlekker | sehr lecker |
| | **kletsen** | plaudern |
| | **de terugweg** | Rückweg |
| | de westerling | Abendländer |
| | **vriendelijk** | freundlich |
| | de verhuurder | Vermieter |
| | **het vakantiehuisje** | Ferienhaus |
| | bloedheet | knallheiß |
| | de stedentrip | Städtereise |
| | de keizerin | Kaiserin |
| | het attractiepark | Freizeitpark |
| | het ritje | Fahrt |
| | de rondvaartboot | Rundfahrtboot |
| A4a | het imperfectum | Imperfekt |
| A7a | de handel | Handel |
| | het goud | Gold |
| | **Noord-Amerika** | Nordamerika |
| | de kolonie | Kolonie |
| | **Zuid-Amerika** | Südamerika |
| | de specerij | Gewürz |
| | emigreren | emigrieren |
| | Suriname | Surinam |
| | de scheepvaart | Schifffahrt |
| | de slaaf | Sklave |
| | **de cultuur** | Kultur |
| A7b | het edelmetaal | Edelmetall |
| | de Gouden Eeuw | Goldenes Zeitalter |
| | De 17e eeuw wordt ook wel de Gouden Eeuw genoemd. | Das 17. Jahrhundert wird auch das Goldene Zeitalter genannt. |

| | Nederlands | Deutsch |
|---|---|---|
| A7c | bon bini (*Papiamentu*) | willkommen |
| | selamat datang (*Bahasa Indonesia*) | willkommen |
| | de vakantiebestemming | Urlaubsziel |
| | toevallig | zufällig |
| | zogenaamd | sogenannt |
| | de Verenigde Oost-Indische Compagnie (de VOC) | Vereinigte Ostindische Kompanie |
| | de West-Indische Compagnie (de WIC) | Westindische Kompanie |
| | de handelsonderneming | Handelsunternehmen |
| | de scheepvaartonderneming | Schifffahrtsunternehmen |
| | **handelen** | handeln |
| | De VOC handelde in specerijen. | Die VOC handelte mit Gewürzen. |
| | **de stof** | Stoff |
| | Nederlands-Indië | ehemaliges Niederländisch-Indien (heute Indonesien) |
| | gericht zijn op | ausgerichtet sein auf |
| | De WIC was gericht op de handel met koloniën in West-Afrika. | Die WIC war auf den Handel mit Kolonien in Westafrika ausgerichtet. |
| | voornamelijk | hauptsächlich |
| | de slavenhandel | Sklavenhandel |
| | het geschiedenisboek | Geschichtsbuch |
| | **betrokken** | beteiligt |
| | de bladzijde | Seite |
| | Het is een zwarte bladzijde in de geschiedenis. | Es ist ein dunkles Kapitel in der Geschichte. |
| | streven naar | sich bemühen um |
| | Nederland streeft naar een ontspannen verhouding. | Die Niederlande bemühen sich um ein entspanntes Verhältnis. |
| | voormalig | ehemalig |
| | nauw | eng |
| | **het gebied** | Gebiet |
| | **het onderwijs** | Bildungswesen |
| | de landbouw | Landwirtschaft |
| B1 | India | Indien |
| | **Indië** | ehemaliges Niederländisch-Indien (heute Indonesien) |
| | favoriet | Lieblings- |
| | het vakantieland | Urlaubsland |
| | Mijn favoriete vakantieland is België. | Mein Lieblingsurlaubsland ist Belgien. |
| | **het noorden** | Norden |
| | ten noorden van | nördlich von |
| | **het zuiden** | Süden |
| | ten zuiden van | südlich von |
| | **het oosten** | Osten |
| | ten oosten van | östlich von |
| | **het westen** | Westen |
| | ten westen van | westlich von |
| | **het noordwesten** | Nordwesten |
| | **het noordoosten** | Nordosten |
| | **het zuidwesten** | Südwesten |
| | **het zuidoosten** | Südosten |
| | **noordwestelijk** | nordwestlich |
| | **noordoostelijk** | nordöstlich |
| | **zuidwestelijk** | südwestlich |
| | **zuidoostelijk** | südöstlich |
| | **Frankrijk** | Frankreich |
| | **Oostenrijk** | Österreich |
| | **Italië** | Italien |
| | **Griekenland** | Griechenland |
| | **het Verenigd Koninkrijk** | Vereinigtes Königreich |
| | **Portugal** | Portugal |
| B2a | het droomvakantieland | Traumurlaubsland |
| | de top 3 | Top 3 |
| B2b | **het argument** | Argument |
| B2c | topografisch | topografisch |
| | **de berg** | Berg |
| | **het buurland** | Nachbarland |
| B3 | de Eiffeltoren | Eiffelturm |
| B4 | aardrijkskundig | geografisch |
| | **Denemarken** | Dänemark |
| | **Deens** | dänisch |
| | **de Deen** | Däne |
| | **de Deense** | Dänin |
| | **Nederland** | Niederlande |
| | **Nederlands** | niederländisch |

| | | |
|---|---|---|
| | **de Nederlander** | Niederländer |
| | **de Nederlandse** | Niederländerin |
| | **Engeland** | England |
| | **Engels** | englisch |
| | **de Engelsman** | Engländer |
| | **de Engelse** | Engländerin |
| | **de Engelsen (*Pl.*)** | Engländer |
| | **Spanje** | Spanien |
| | **Spaans** | spanisch |
| | **de Spanjaard** | Spanier |
| | **de Spaanse** | Spanierin |
| | **India** | Indien |
| | **Indiaas** | indisch |
| | **de Indiër** | Inder |
| | **de Indiase** | Inderin |
| | **Frankrijk** | Frankreich |
| | **Frans** | französisch |
| | **de Fransman** | Franzose |
| | **de Française** | Französin |
| | **de Franse** | Französin |
| | **de Fransen (*Pl.*)** | Franzosen |
| | Frans-Polynesië | Französisch-Polynesien |
| | Franstalig | französischsprachig |
| | **het stokbrood** | Baguette |
| | Ik houd van Frans stokbrood met kaas. | Ich mag französisches Baguette mit Käse. |
| B5 | rondreizen | herumreisen |
| | **de camper** | Wohnmobil |
| | We willen rondreizen met onze camper. | Wir wollen mit unserem Wohnmobil herumreisen. |
| | de meivakantie | Maiferien |
| | de golf | Welle |
| | **rennen** | rennen |
| | het natuurmuseum | Naturkundemuseum |
| | de simulatie | Simulation |
| | **doorbrengen** | verbringen |
| | Ik breng graag tijd door met mijn oma. | Ich verbringe gern Zeit mit meiner Oma. |
| | **vrij** | frei |
| | Mijn moeder kon geen vrij krijgen. | Meine Mutter konnte keinen Urlaub bekommen. |
| | **chillen** | chillen |
| | **het vliegtuig** | Flugzeug |
| | **de vertraging** | Verspätung |
| | oplopen | sich zuziehen, bekommen |
| | Het vliegtuig heeft vertraging opgelopen. | Das Flugzeug hat Verspätung. |
| | **Canada** | Kanada |
| | gaaf | toll |
| | **starten** | starten |
| | de rondreis | Rundreise |
| | alvast | bereits, inzwischen |
| C1 | **het vakantiehuis** | Ferienhaus |
| | **de boot** | Boot, Schiff |
| | **de tent** | Zelt |
| | **de caravan** | Wohnwagen |
| | **de camper** | Wohnmobil |
| | **het pension** | Pension |
| C2a | de herfstvakantie | Herbstferien |
| | **logeren** | übernachten |
| | Hij logeert dit weekend bij zijn grootouders. | Er übernachtet dieses Wochenende bei seinen Großeltern. |
| C2c | **kamperen** | zelten |
| C3a | de aanhef | Anfang (eines Briefes usw.) |
| | de slotformule | Schlussformel |
| | informeel | informell |
| C3b | **het vakantiekaartje** | Urlaubskarte |
| C5 | de wisseling | Wechsel |
| | **de fotograaf** | Fotograf |
| | proeven | kosten |
| ADS | het verblijf | Unterkunft |
| | het verslag | Bericht |
| | het reisdagboek | Reisetagebuch |
| WB | **het voetbalshirt** | Fußballtrikot |
| | **verblijven** | sich aufhalten |
| | We verblijven een aantal weken in Nederland. | Wir halten uns einige Wochen in den Niederlanden auf. |
| | **de kant** | Seite |
| | omringen | umgeben |
| | de provincie | Provinz |
| | de verhoging | Erhöhung |
| | de aardbodem | Erdboden |
| | **het gat** | Loch |

| | |
|---|---|
| **de grond** | Boden |
| **dood** | tot |
| **de schoolvakantie** | Schulferien |
| doorgaan | weitergehen |
| Zo ging het vier dagen door. | So ging es vier Tage weiter. |
| het schiereiland | Halbinsel |
| de whirlpool | Whirlpool |
| **de wifi** | WLAN |
| de tafeltennistafel | Tischtennisplatte |
| **beschermen tegen** | schützen vor |
| het hoogwater | Hochwasser |
| De Deltawerken beschermen Nederland tegen hoogwater. | Die Deltawerke schützen die Niederlande vor Hochwasser. |
| het informatiecentrum | Informationszentrum |
| de waterspeelplaats | Wasserspielplatz |
| **het kusje** | Küsschen |
| **het ijsje** | Eis |
| Zeeuws | seeländisch |
| pittoresk | malerisch |
| het Watersnoodmuseum | Museum über die Hochwasser-katastrophe |
| de overstroming | Überschwemmung |
| de museumwinkel | Museumshop |
| het Scheepvaartsmuseum | Museum über Schifffahrt |
| de replica | Replik |
| het VOC-schip | VOC-Schiff |
| **de docente geschiedenis** | Geschichtslehrerin |
| het pronkstuk | Schmuckstück |
| de kapitein | Kapitän |
| de passagier | Passagier |
| het Verre Oosten | Fernost |
| **varen** | fahren (Schiff, Boot) |
| Het schip vaart naar het Verre Oosten. | Das Schiff fährt nach Fernost. |
| afbreken | abbrechen |
| het roer | Ruder |
| zakken | sinken |
| de modder | Schlamm |
| loskomen | sich lösen, wegkommen |
| de bemanning | Besatzung |
| **redden** | retten |
| de lading | Ladung |
| het zilver | Silber |
| de wijn | Wein |
| het textiel | Textilien |
| de bouwstof | Baustoff |
| het gereedschap | Werkzeug |
| verloren | verloren |
| de vrijwilliger | Ehrenamtler |
| de bouw | Bau |
| **de Griek** | Grieche |
| **de Belgische** | Belgierin |
| **Rusland** | Russland |
| **Russisch** | russisch |
| **Marokko** | Marokko |
| **de Marokkaanse** | Marokkanerin |
| **de nationaliteit** | Nationalität |
| de spelfout | Rechtschreibfehler |
| **uitpakken** | auspacken |
| de bikini | Bikini |

# 2 Lekker eten

| | | |
|---|---|---|
| AS | **de kaas** | Käse |
| | **het brood** | Brot |
| | **de komkommer** | Gurke |
| | **de tomaat** | Tomate |
| | **de vleeswaren (*Pl.*)** | Aufschnitt |
| | **de banaan** | Banane |
| | **de melk** | Milch |
| | **de appel** | Apfel |
| | **de biefstuk** | Beefsteak |
| | **de aardbei** | Erdbeere |
| | **de chocolademelk** | Schokomilch |
| | **de aardappel** | Kartoffel |
| | **de kipfilet** | Hühnchenbrust |
| | **het gebak** | Kuchen, Gebäck |
| | **de druif** | Traube |
| | **de zalm** | Lachs |
| | **de spinazie** | Spinat |
| | **het ei** | Ei |
| | **de courgette** | Zucchini |
| | **het gehakt** | Hackfleisch |
| | **de peer** | Birne |
| | **de yoghurt** | Joghurt |
| | **de worst** | Wurst |
| | **de sla** | Kopfsalat |
| | **het broodje** | Brötchen |
| | **de wortel** | Möhre, Karotte |
| | **de cake** | Kuchen |
| | **de haring** | Hering |
| | **de boter** | Butter |
| | **de ui** | Zwiebel |
| | **de krabsalade** | Krabbensalat |
| | **de groenteboer** | Gemüseverkäufer |
| | **de melkboer** | Milchverkäufer |
| | **de visboer** | Fischverkäufer |
| | **de slager** | Fleischer |
| | **de bakker** | Bäcker |
| | de marktkraam | Marktstand |
| | het levensmiddel | Lebensmittel |
| A1 | **de pasta** | Pasta |
| | Kom op! | Komm schon! |
| | het pond | Pfund |
| | kruimig | mehlig |
| | **de kilo** | Kilo |
| | **het fruit** | Obst |
| | **de doos** | Schachtel |
| | **het zalmfilet** | Lachsfilet |
| | de bakkerskraam | Bäckereistand |
| | de zwerfkat | streunende Katze |
| | brutaal | frech |
| | het totaal | Gesamtbetrag |
| | **in totaal** | insgesamt |
| | Dat is € 7,00 in totaal. | Das ist insgesamt € 7,00. |
| | gepast | passend |
| | Ik heb het gepast. | Ich habe es passend. |
| | het ons | hundert Gramm |
| | Drie ons krabsalade, graag. | 300 g Krabbensalat, bitte. |
| | de Parmezaanse kaas | Parmesankäse |
| | de ijsthee | Eistee |
| A2 | **de verkoper** | Verkäufer |
| | **de verkoopster** | Verkäuferin |
| | **de klant** | Kunde |
| A3b | de imperatief | Imperativ |
| A4 | **de suiker** | Zucker |
| | **de limonade** | Limonade |
| | **de snoep** | Süßigkeit |
| | **de pindakaas** | Erdnussbutter |
| | **de thee** | Tee |
| | **het water** | Wasser |
| | **de chocoladepasta** | Schokoladencreme |
| | **de honing** | Honig |
| | **de olie** | Öl |
| | **de drop** | Lakritze |
| | **de pasta** | Pasta |
| | **de muesli** | Müsli |
| | **het sap** | Saft |
| | **de jam** | Marmelade |
| | **de azijn** | Essig |
| | **de rijst** | Reis |
| | **het koekje** | Keks |
| | **de ketchup** | Ketchup |
| | **de beschuit** | Zwieback |
| | **de mosterd** | Senf |
| | **de vla** | Pudding |
| | **de hagelslag** | Schokoladenstreusel |
| | **de chips (*Pl.*)** | Chips |
| | **de cola** | Cola |
| | **het pak** | Packung |
| | **de fles** | Flasche |

| | | |
|---|---|---|
| | **de pot** | Glas |
| | **het zakje** | Tüte |
| A5 | **de halfvolle melk** | fettarme Milch |
| | Ik drink het liefst halfvolle melk. | Ich trinke am liebsten fettarme Milch. |
| | naturel | naturell |
| | **Gouds** | Goudaer |
| | Ik houd van Goudse kaas. | Ich esse gern Goudakäse. |
| | geraspt | gerieben |
| | het bakje | Behälter |
| | **de noot** | Nuss |
| | biologisch | biologisch |
| | direct | direkt |
| | **de pizza** | Pizza |
| | **de pastasaus** | Pastasauce |
| | het bosje | Bund |
| | de oogst | Ernte |
| | middelgroot | mittelgroß |
| | **de volle melk** | Vollmilch |
| | Ik lust geen volle melk. | Ich mag keine Vollmilch. |
| | belegen | mittelalt |
| | Ze verkopen alleen belegen kaas. | Sie verkaufen nur mittelalten Käse. |
| | vers | frisch |
| | het zuivelproduct | Milchprodukt |
| B1a | **de boterham** | Brotscheibe, Butterbrot |
| | **de leverworst** | Leberwurst |
| | **de karnemelk** | Buttermilch |
| | **de lekkerbek** | frittierter Fisch |
| | **de vanillevla** | Vanillepudding |
| | **de stamppot** | Eintopfgericht |
| | **de hutspot** | Eintopfgericht aus gestampften Kartoffeln, Möhren und Zwiebeln |
| | **de jus** | Bratensauce |
| | **de rookworst** | Rauchwurst |
| | **de vruchtenhagel** | Fruchtstreusel |
| | **de smeerkaas** | Schmelzkäse |
| | **de snert** | Erbsensuppe |
| | **de erwtensoep** | Erbsensuppe |
| B1b | **het tussendoortje** | Zwischenmahlzeit |
| | het broodje gezond | Brötchen mit Käse, Tomate, Gurke |
| | de cracker | Cracker |
| | de voeding | Ernährung |
| | **de huiswerkopdracht** | Hausaufgabe |
| | eerder | früher |
| | **de paprika** | Paprika |
| | **de kantine** | Kantine |
| | zetten | kochen (Kaffee, Tee) |
| | Mijn moeder zet thee. | Meine Mutter kocht Tee. |
| | het beslag | Teig |
| | het meel | Mehl |
| | het zout | Salz |
| | halen door | eintauchen in |
| | Je haalt de vis door het beslag. | Man taucht den Fisch in den Teig ein. |
| | frituren | frittieren |
| | **meegeven** | mitgeben |
| | **de ham** | Schinken |
| | bijvullen | nachfüllen |
| | **het kraanwater** | Leitungswasser |
| | Ik vul een paar keer per dag mijn fles met kraanwater bij. | Ich fülle ein paar Mal pro Tag meine Flasche mit Leitungswasser nach. |
| | het slapengaan | Schlafengehen |
| | **de beker** | Becher |
| | binnenkrijgen | zu sich nehmen |
| | Ik krijg niet voldoende water binnen. | Ich trinke nicht genug Wasser. |
| | **het gerecht** | Gericht |
| | **de pan** | Topf |
| | stampen | stampfen |
| | de lievelingshagelslag | Lieblingsstreusel |
| | gekleurd | farbig |
| | vliegen | rasen |
| | tussendoor | zwischendurch |
| | **overleggen** | beratschlagen, beraten |
| | Tussendoor overleg ik met de andere docenten. | Zwischendurch berate ich mich mit den anderen Lehrern. |
| | het nakijkwerk | Korrekturarbeit |
| B2a | de eetgewoonte | Essgewohnheit |
| | **de drank** | Getränk |

| | | |
|---|---|---|
| | **de visstick** | Fischstäbchen |
| | **de spruitjes (*Pl.*)** | Rosenkohl |
| B2b | zomaar | ohne Weiteres |
| | Dit woord kun je niet zomaar vertalen. | Dieses Wort kann man nicht ohne Weiteres übersetzen. |
| B3 | **het recept** | Rezept |
| | gemalen | gemahlen |
| | het relatief pronomen | Relativpronomen |
| B4b | verwijzen naar | verweisen auf |
| B5a | **de beschrijving** | Beschreibung |
| | het kaasmaken | Käseherstellung |
| | het regelnummer | Zeilennummer |
| | Leerdammer | Leerdammer |
| | Maasdammer | Maasdammer |
| | Edammer | Edammer |
| | wereldberoemd | weltberühmt |
| | de kaasboerderij | Käserei |
| | gigantisch | gigantisch |
| | **het aanbod** | Angebot |
| | divers | divers |
| | de kaastobbe | Käsebottich |
| | verwarmen | erwärmen |
| | het stremsel | Lab |
| | het enzym | Enzym |
| | de maag | Magen |
| | **afkomstig zijn** | stammen |
| | het zuursel | Säurewecker |
| | de melkzuurbacterie | Milchsäurebakterie |
| | toevoegen | hinzufügen |
| | het mengsel | Gemisch |
| | de wrongel | Käsebruch |
| | de massa | Masse |
| | samenklonteren | verklumpen |
| | het eiwit | Eiweiß |
| | **snijden** | schneiden |
| | opwarmen | erwärmen |
| | het vocht | Flüssigkeit |
| | de wei | Molke |
| | aftappen | abzapfen |
| | de kaasmaker | Käser |
| | eventueel | eventuell |
| | **het kruid** | Gewürz |
| | de komijn | Kreuzkümmel |
| | de kruidnagel | Gewürznelke |
| | de brandnetel | Brennnessel |

| | | |
|---|---|---|
| | **hierna** | danach |
| | persen | pressen |
| | het pekelbad | Salzlake |
| | intrekken | einziehen |
| | **de smaak** | Geschmack |
| | rijpen | reifen |
| | anderhalf | anderthalb |
| | **pittig** | würzig |
| | het zoutgehalte | Salzgehalt |
| B5b | de strategie | Strategie |
| B6 | de kaasproef | Käseverkostung |
| | het resultaat | Resultat |
| C1a | de bestelling | Bestellung |
| | **pinnen** | mit Karte zahlen |
| | Ik wil graag pinnen. | Ich möchte gern mit Karte zahlen. |
| | de creditcard | Kreditkarte |
| C2a | de kapsalon | Pommes mit Fleisch und Käse überbacken |
| | de falafelschotel | Falafelgericht |
| | de sambal | Sambal |
| | de knoflooksaus | Knoblauchsauce |
| | de yoghurtsaus | Joghurtsauce |
| | de ayran | Ayran |
| | de bezorging | Lieferung |
| | Wat kost de bezorging? | Was kostet die Lieferung? |
| | **het probleem** | Problem |
| | **redden** | schaffen |
| | Dat redden we niet op tijd. | Das schaffen wir nicht rechtzeitig. |
| | **contant** | bar |
| | Je kan niet contant betalen. | Du kannst nicht bar bezahlen. |
| C2b | het ingrediënt | Zutat |
| C3a | de vrijdagavond | Freitagabend |
| | bij wijze van uitzondering | ausnahmsweise |
| | Bij wijze van uitzondering mag het. | Ausnahmsweise ist es erlaubt. |
| | het menu | Speisekarte |
| | het grillgerecht | Grillgericht |
| | **de salade** | Salat |
| | **vegetarisch** | vegetarisch |
| | **de patat** | Pommes frites |
| | **de snack** | Snack |
| | extra | zusätzlich |

| | | |
|---|---|---|
| | **het dessert** | Nachtisch |
| | **de frisdrank** | Erfrischungsgetränk |
| | de patat zonder | Pommes ohne Sauce |
| | de patat met | Pommes mit Sauce |
| | de patat speciaal | Pommes mit Mayonnaise, Ketchup und Zwiebeln |
| | de patat pindasaus | Pommes mit Erdnusssauce |
| | de patat appelmoes | Pommes mit Apfelmus |
| | **de frikandel** | frittierter Hackfleischstab |
| | de frikandel speciaal | frittierter Hackfleischstab mit Mayonnaise, Ketchup und Zwiebeln |
| | **de kroket** | frittierte Fleischkrokette |
| | de groentekroket | frittierte Gemüsekrokette |
| | **de kaassoufflé** | frittierte Käsetasche |
| | **de kipsaté** | Hühnchenspieß |
| | de bamischijf | Bami-Scheibe |
| C3d | ineens | auf einmal |
| | doorgeven | durchgeben |
| | Ik geef de bestelling door. | Ich gebe die Bestellung durch. |
| C3e | rug-aan-rug | Rücken an Rücken |
| ADS | wekelijks | wöchentlich |
| | fictief | fiktiv |
| | **de appeltaart** | Apfelkuchen |
| | **bakken** | backen |
| | **buitenlands** | ausländisch |
| | **typisch** | typisch |
| | kruipen | schlüpfen |
| | Kruip in de rol van een verkoper. | Schlüpf in die Rolle eines Verkäufers. |
| | opzetten | veranstalten |
| WB | **voorzichtig** | vorsichtig |
| | de voorraadkast | Vorratsschrank |
| | de boerenkoolstamppot | Eintopfgericht aus gestampften Kartoffeln und Grünkohl |
| | **schillen** | schälen |
| | **gelijk** | gleich |
| | **de boerenkool** | Grünkohl |
| | fijnsnijden | schnippeln |
| | **de theelepel** | Teelöffel |
| | het laagje | Lage |
| | bovenop | obendrauf |
| | aan de kook brengen | zum Kochen bringen |
| | het geheel | Ganze |
| | **de deksel** | Deckel |
| | **gaar** | gar |
| | trekken | ziehen |
| | **afgieten** | abgießen |
| | het kookvocht | Kochflüssigkeit |
| | **roeren** | rühren |
| | **de room** | Sahne |
| | **de peper** | Pfeffer |
| | **smakelijk** | lecker |
| | **Eet smakelijk!** | Guten Appetit! |
| | gevuld | gefüllt |
| | de teen | Zehe |
| | **het basilicum** | Basilikum |
| | **de oven** | Ofen |
| | voorverwarmen | vorheizen |
| | de kap | Krone |
| | **afsnijden** | abschneiden |
| | uithollen | aushöhlen |
| | uitpersen | auspressen |
| | **scheppen** | schöpfen |
| | loskloppen | verquirlen |
| | **mengen** | mischen |
| | de ovenschaal | Auflaufform |
| | invetten | einfetten |
| | garneren | garnieren |
| | kwijt | verschwunden |
| | Het is kwijt. | Es ist verschwunden. |
| | de lievelingskaas | Lieblingskäse |
| | het woordenboekartikel | Wörterbucheintrag |
| | **nat** | nass |
| | te midden | inmitten |
| | de school | Schwarm |
| | de tonijn | Thunfisch |
| | het beest | Tier |
| | het pad | Weg |
| | de klank | Laut |
| | roken | rauchen |

# Tussenstop 1

| | | |
|---|---|---|
| 1a | **de zwembroek** | Badehose |
| | **de tandenborstel** | Zahnbürste |
| | **de zonnebrandcrème** | Sonnencreme |
| 1b | het gebaar | Geste, Gebärde |
| | verduidelijken | verdeutlichen |
| 3b | **het mes** | Messer |
| | **de lepel** | Löffel |
| | **de vork** | Gabel |
| | **het bord** | Teller |
| | **de kaars** | Kerze |
| | **het zout** | Salz |
| | **de peper** | Pfeffer |
| 4a | de schijf | Scheibe |
| | de diepvriesgroente | Tiefkühlgemüse |
| | het diepvriesfruit | Tiefkühlobst |
| | zacht | weich |
| | vloeibaar | flüssig |
| | **het vet** | Fett |
| | ongezouten | ungesalzen |
| | de peulvrucht | Hülsenfrucht |
| | **volkoren** | Vollkorn- |
| | de zilvervliesrijst | Naturreis |
| 5a | het hulpje | Hilfe |
| | duurzaam | nachhaltig |
| | variëren | variieren |
| | **het milieu** | Umwelt |
| | de voedingsstof | Nährstoff |
| 5b | **gezond** | gesund |
| | ingewikkeld | schwierig |
| | het Voedingscentrum | niederländisches Informationszentrum für Ernährung |
| | **groeien** | wachsen |
| | **het vlees** | Fleisch |
| | **het seizoen** | Jahreszeit |
| | het lijf | Leib |
| | de vezel | Ballaststoff |
| | het koolhydraat | Kohlenhydrat |
| | **de vitamine** | Vitamin |
| | het mineraal | Mineralstoff |
| | het spoorelement | Spurenelement |
| | de voedingsvezel | Ballaststoff |
| | **de darm** | Darm |
| | **tenminste** | zumindest |
| | **de olijfolie** | Olivenöl |
| | **de margarine** | Margarine |
| | afwisselen | abwechseln |
| | **de boon** | Bohne |
| | **de linze** | Linse |
| | **de kikkererwt** | Kichererbse |
| | **de limo** | Limo |
| | de zoetigheid | Süßwaren |
| | **het beleg** | Brotbelag |
| | **de taart** | Torte |
| | **verwennen** | verwöhnen |
| | **de reep** | Riegel |
| | **ruim** | großzügig |
| | **de tosti** | belegte, geröstete Toastscheiben |
| 5c | de wetenswaardigheid | Wissenswertes |
| 6a | **de schoolkantine** | Schulkantine |
| | de menukaart | Speisekarte |
| 7c | de kantlijn | Rand |
| 7d | het kookboek | Kochbuch |
| 7e | **bereiden** | zubereiten |
| 8 | **Europees** | europäisch |
| WB | het adresboekje | Adressbuch |
| | **de slipper** | Slipper |
| | **het vliegveld** | Flughafen |
| | **Rome** | Rom |
| | **blijken** | sich herausstellen |
| | Het blijkt dat ik veel heb geleerd. | Es stellt sich heraus, dass ich viel gelernt habe. |
| | **de belevenis** | Erlebnis |
| | **het gezicht** | Gesicht |
| | **overnachten** | übernachten |
| | de strandwandeling | Strandspaziergang |
| | **overgaan** | versetzt werden |
| | Ik ga over naar de volgende klas. | Ich werde in die nächste Klasse versetzt. |
| | **Wallonië** | Wallonien |
| | **Azië** | Asien |
| | **de postcode** | Postleitzahl |
| | **het huisnummer** | Hausnummer |
| | **de moeite** | Mühe |
| | de conclusie | Schlussfolgerung |

# 3 Gefeliciteerd!

| | | |
|---|---|---|
| AS | hoera | hurra |
| | Zij leve lang. | Sie lebe lang. |
| | de gloria | Ruhm |
| | Hiep hiep hoera! | Hipp, hipp, hurra! |
| A1 | **van harte** | herzlich |
| | **uitnodigen** | einladen |
| | Ik wil je van harte uitnodigen. | Ich möchte dich herzlich einladen. |
| | **hopen** | hoffen |
| | **het appje** | WhatsApp-Nachricht |
| A3 | de bioscoopbon | Kinogutschein |
| | strandzeilen | strandsegeln |
| A4a | **barbecueën** | grillen |
| | **nadenken** | nachdenken |
| | **verbazen** | wundern |
| | Dat verbaast me niet. | Das wundert mich nicht. |
| | **te binnen schieten** | einfallen |
| | Er schiet me net iets te binnen. | Mir fällt gerade etwas ein. |
| | blokarten | strandsegeln |
| | het principe | Prinzip |
| | in principe | im Prinzip |
| | **zeilen** | segeln |
| | de driewieler | Dreirad |
| | het zeil | Segel |
| | racen | rasen |
| | de strandtent | Strandbude |
| | **uitzoeken** | nachgehen, herausfinden |
| | Ik zoek uit hoe duur het is. | Ich finde heraus, wie teuer es ist. |
| | **meedoen** | mitmachen |
| | Wil je ook meedoen? | Möchtest du auch mitmachen? |
| | de appgroep | Gruppe in WhatsApp |
| A4b | **zachtjes** | leise |
| A5a | de verlanglijst | Wunschzettel |
| A5b | **het huisdier** | Haustier |
| A6b | de hoofdzin | Hauptsatz |
| | de bijzin | Nebensatz |
| A7a | de woordvolgorde | Wortstellung |
| A8 | de conjunctie | Konjunktion |
| | de inlineskate | Inlineskate |
| B1a | **Prettige feestdagen!** | Frohe Feiertage! |
| | **de Kerstmis** | Weihnachten |
| | **de Valentijnsdag** | Valentinstag |
| | **de geboorte** | Geburt |
| | **de Bevrijdingsdag** | Befreiungstag |
| | **de Koningsdag** | Königstag |
| | **de diploma-uitreiking** | Zeugnisübergabe |
| | **de Prinsjesdag** | Prinzentag |
| | **de sinterklaasavond** | Nikolausabend |
| | **de Pasen** | Ostern |
| | **het carnaval** | Karneval, Fasching |
| | **oud en nieuw** | Silvester |
| | **de verjaardag** | Geburtstag |
| | de kraamvisite | Wochenbettbesuch |
| | beschuit met muisjes | Zwieback mit gezuckerten Anissamen |
| B2 | **Proficiat!** | Herzlichen Glückwunsch! |
| | **Gelukkig nieuwjaar!** | Frohes neues Jahr! |
| | **Vrolijk Pasen!** | Frohe Ostern! |
| | **Van harte gefeliciteerd met je verjaardag!** | Herzlichen Glückwunsch zum Geburtstag! |
| | **Prettige kerstdagen!** | Frohe Weihnachten! |
| B3 | **de felicitatie** | Glückwunsch |
| | **de wens** | Wunsch |
| | uiten | äußern |
| | de datum | Datum |
| | de feestganger | Festteilnehmer |
| | de zilveren bruiloft | Silberhochzeit |
| | de huwelijksreis | Hochzeitsreise |
| | het vuurwerk | Feuerwerk |
| | de oliebol | Krapfen |
| | de speech | Rede |
| | **aanwezig** | anwesend |
| | voortreffelijk | hervorragend |
| | de huwelijksperiode | Eheabschnitt |
| | het kerstpakket | Weihnachtspaket |
| | de warmte | Wärme |
| | **het licht** | Licht |
| | **het geluk** | Glück |
| | **toewensen** | wünschen |
| | Ik wens jullie veel geluk toe. | Ich wünsche euch viel Glück. |
| | gewoonlijk | normalerweise |

| | | |
|---|---|---|
| | **geslaagd** | gelungen |
| B4 | het hapje | Häppchen |
| | **uitdelen** | austeilen |
| B5a | het Koninklijk Huis | Königshaus |
| B5b | Oranje boven! | Hoch Oranien! |
| | de vergunning | Genehmigung |
| | **het spul** | Sachen |
| | **de vrijmarkt** | Flohmarkt |
| | **behalve** | außer |
| | nutteloos | nutzlos |
| | de rommel | Trödel |
| | **het openluchtfestival** | Freiluftfestival |
| | **het toneel** | Theater |
| | **de dans** | Tanz |
| | **bieden** | bieten |
| | **het verjaardagsfeest** | Geburtstagsfest |
| | **de nationale feestdag** | Nationalfeiertag |
| | **versieren** | schmücken |
| | uithangen | heraushängen |
| | de vlag | Flagge |
| | De mensen hangen de vlaggen uit. | Die Menschen hängen die Flaggen heraus. |
| | **de manier** | Art und Weise |
| | **de gemeente** | Gemeinde, Stadt |
| | het defilé | Parade |
| | de parade | Parade |
| | uitzenden | übertragen |
| | **stappen** | ausgehen |
| | **de traditie** | Tradition |
| | **de alcohol** | Alkohol |
| | **rijkelijk** | reichlich |
| | vloeien | fließen |
| | de kroeg | Kneipe |
| | de Koningsnacht | Königsnacht |
| C1c | **lijken** | scheinen |
| | Het lijkt me leuk om te komen. | Ich komme gern. |
| C2 | de haiku | Haiku |
| | de jarige job | männliches Geburtstagskind |
| | de jarige jet | weibliches Geburtstagskind |
| | **schitterend** | glänzend |
| | **roepen** | rufen |
| | **afsluitend** | abschließend |
| ADS | bang | ängstlich |
| | kapotgaan | kaputtgehen |
| | **sporten** | Sport treiben |
| | fanatiek | fanatisch |
| | **op tijd** | rechtzeitig |
| | **misgaan** | schiefgehen |
| WB | **inderdaad** | tatsächlich |
| | **lenen** | leihen |
| | **sparen** | sparen |
| | de statistiek | Statistik |
| | uitvoerig | ausführlich |
| | het aftellen | Countdown |
| | de inleiding | Einleitung |
| | **de hoofdletter** | Großbuchstabe |
| | **de lezer** | Leser |
| | **de voorkennis** | Vorwissen |
| | de tijdsplanning | Zeitplanung |
| | **de evaluatie** | Evaluation |
| | het middenstuk | Mittelteil |
| | de toonhoogte | Tonhöhe |
| | **omhoog** | nach oben |
| | **omlaag** | nach unten |
| | zweven | schweben |
| | **de horloge** | Armbanduhr |
| | **de slagroom** | Schlagsahne |
| | **de emotie** | Gefühl |

# 4 Lichaamstaal

| | | |
|---|---|---|
| AS | de lichaamstaal | Körpersprache |
| | **sportief** | sportlich |
| | **comfortabel** | bequem |
| | **hip** | hip, trendig |
| | **netjes** | anständig, ordentlich |
| | **casual** | casual |
| | **het pak** | Anzug |
| | **het overhemd** | Hemd |
| | **de stropdas** | Krawatte |
| | **de sportkleding** | Sportkleidung |
| | **de gymp** | Turnschuh |
| | **de muts** | Mütze, Kappe |
| | **combineren** | kombinieren |
| | **de zonnebril** | Sonnenbrille |
| | **de trui** | Pullover |
| | **de spijkerbroek** | Jeans(hose) |
| | **de kleren (*Pl.*)** | Kleidung |
| A1 | **de paskamer** | Umkleidekabine |
| | **het kledingstuk** | Kleidungsstück |
| | **de broek** | Hose |
| | **de rok** | Rock |
| | **het T-shirt** | T-Shirt |
| | **de blouse** | Bluse |
| | **de laars** | Stiefel |
| | **de jurk** | Kleidung |
| | **de slipper** | Slipper |
| | **het vest** | (Strick-)Jacke, Weste |
| | **de jas** | Jacke |
| | **aanhebben** | anhaben |
| A2b | **noemen** | nennen |
| A3 | **aantrekken** | anziehen |
| A5a | **de kledingwinkel** | Bekleidungsgeschäft |
| | **krap** | eng |
| | het schatje | Schätzchen |
| | **strak** | straff |
| | **passen** | anprobieren |
| | Kan ik de broek even passen? | Kann ich die Hose mal anprobieren? |
| | **het warenhuis** | Kaufhaus |
| | **de herenkleding (*Pl.*)** | Herrenbekleidung |
| | geruit | kariert |
| | gestreept | gestreift |
| | effen | einfarbig |
| | achterin | hinten |
| | de sportzaak | Sportgeschäft |

| | | |
|---|---|---|
| | de voetbalschoen | Fußballschuh |
| | **ruilen** | umtauschen |
| | de tegoedbon | Gutschein |
| | **het ogenblik** | Augenblick |
| | Een ogenblik, alsjeblieft. | Einen Augenblick, bitte. |
| | de boetiek | Boutique |
| | de stip | Punkt |
| | **hangen** | hängen |
| A7 | wijd | weit |
| B1a | het lichaamsdeel | Körperteil |
| | **de hand** | Hand |
| | **de voet** | Fuß |
| | **de mond** | Mund |
| | **de neus** | Nase |
| | **het oor** | Ohr |
| | **het oog** | Auge |
| B1b | **het lichaam** | Körper |
| | **het hoofd** | Kopf |
| | **het been** | Bein |
| | **de arm** | Arm |
| | **de vinger** | Finger |
| | **de rug** | Rücken |
| | **de buik** | Bauch |
| | **de hals** | Hals |
| | **het gezicht** | Gesicht |
| B2 | **de foto** | Röntgenaufnahme |
| | **de enkel** | Knöchel |
| | **verstuiken** | verstauchen |
| | **de zalf** | Salbe |
| | **insmeren** | eincremen |
| | **breken** | brechen |
| | **waarschijnlijk** | wahrscheinlich |
| | **het gipsverband** | Gipsverband |
| | aanleggen | anlegen |
| | stom | blöd |
| | Wat stom! | Wie blöd! |
| | de woonwijk | Wohnviertel |
| | hard | scharf |
| | **remmen** | bremsen |
| | Ik heb heel hard geremd. | Ich habe sehr scharf gebremst. |
| | het stuur | Lenker |
| | **vallen** | fallen |
| | het rechterbeen | rechtes Bein |

| | | |
|---|---|---|
| | **de pijn** | Schmerz |
| | Mijn been doet pijn. | Mein Bein schmerzt. |
| | **het zeer** | Schmerz |
| | Mijn been doet zeer. | Mein Bein schmerzt. |
| | **nauwelijks** | kaum |
| B4 | **de kiespijn** | Zahnschmerzen |
| | **de tandarts** | Zahnarzt |
| | driemaal | drei Mal |
| | daags | täglich |
| | **het tablet** | Tablette |
| | Driemaal daags neemt u één tablet. | Drei Mal täglich nehmen Sie eine Tablette. |
| | **aanraden** | empfehlen |
| B5a | **de klacht** | Beschwerde |
| | uitbeelden | darstellen |
| | **de slapeloosheid** | Schlaflosigkeit |
| | **de hoofdpijn** | Kopfschmerzen |
| | **de wespensteek** | Wespenstich |
| | **de hooikoorts** | Heuschnupfen |
| | **de koorts** | Fieber |
| | **overspannen** | überarbeitet |
| | **de kiespijn** | Zahnschmerzen |
| | **de rugpijn** | Rückenschmerzen |
| | **de keelpijn** | Halsschmerzen |
| | **de griep** | Grippe |
| | **verkouden** | erkältet |
| | **hoesten** | husten |
| | **altijd moe** | übermüdet |
| B5b | het aspirientje | Kopfschmerztablette |
| C1a | **de start** | Start |
| | **Af!** | Los! |
| | Klaar voor de start? Af! | Auf die Plätze, fertig, los! |
| | **bewegen** | bewegen |
| | minstens | mindestens |
| | stevig | tüchtig |
| | **de adem** | Atem |
| | **raken** | geraten, kommen |
| | Ik raak snel buiten adem. | Ich komme schnell außer Atem. |
| B2a | uitgroeien | wachsen |
| | de schoolsportcompetitie | Schulsportwettkampf |
| | **de competitie** | Wettkampf |
| | de fase | Phase |
| | de werving | Anwerben |
| | **de docent lichamelijke opvoeding** | Sportlehrer |
| | de deelname | Teilnahme |
| | **de atletiek** | Leichtathletik |
| | **het badminton** | Badminton |
| | **het floorball** | Floorball |
| | **het handbal** | Handball |
| | **het hockey** | Hockey |
| | **het korfbal** | Korbball |
| | **de trampoline** | Trampolin |
| | **het softball** | Softball |
| | **het streetball** | Streetball |
| | **de streetdance** | Streetdance |
| | **het tennis** | Tennis |
| | **het frisbee** | Frisbeespiel |
| | **de veldloop** | Geländelauf |
| | **het voetbal** | Fußball |
| | **het volleybal** | Volleyball |
| | **het zaalvoetbal** | Hallenfußball |
| | de selectie | Auswahl |
| | **de finale** | Finale |
| | selecteren | auswählen |
| | afvaardigen | abordnen, delegieren |
| | strijden | kämpfen |
| | felbegeerd | begehrt |
| | **de winnaar** | Gewinner |
| | zich plaatsen | sich qualifizieren |
| | De winnaars plaatsen zich voor de finale. | Die Gewinner qualifizieren sich für das Finale. |
| | gedurende | während |
| | het kampioenschap | Meisterschaft |
| C2b | **de samenvatting** | Zusammenfassung |
| C3b | **de gymdocent** | Sportlehrer |
| C4a | de smoes | Ausrede |
| | **de training** | Training |
| C4b | **motiveren** | motivieren |
| C5a | het buitenvak | Außenfeld |
| | **de sporter** | Sportler |
| | het sportland | Sportland |
| C5b | het middenvak | mittleres Feld |
| C6a | de opmaak | Layout |
| | Hup Holland Hup! | Hopphopp, Holland! |
| | **gek** | verrückt |
| | om zich heen grijpen | um sich greifen |
| | de voetbalgekte | Fußballfieber |
| | De voetbalgekte grijpt om zich heen. | Das Fußballfieber greift um sich. |

| | |
|---|---|
| de eredivisie | niederländische Nationalliga |
| het landskampioenschap | Landesmeisterschaft |
| **de belangstelling** | Interesse |
| internationaal | international |
| met name | besonders |
| het Europees kampioenschap | Europameisterschaft |
| het wereldkampioen-schap | Weltmeisterschaft |
| de wereldkampioen | Weltmeister |
| de Europees kampioen | Europameister |
| **nadat** | nachdem |
| het elftal | Elf, Mannschaft |
| **de halve finale** | Halbfinale |
| **de voetbalrivaliteit** | Fußballrivalität |
| **ervaren** | empfinden |
| **de voetbalfan** | Fußballfan |
| het trauma | Trauma |
| **talloos** | zahllos |
| **de mop** | Witz |
| de inzamelingsactie | Spendenaktion |
| het doel | Tor |
| het doel | Zweck |
| Ik geef voor het goede doel. | Ich spende für den guten Zweck. |
| **aller tijden** | aller Zeiten |
| de bekendheid | Bekanntheit |
| **uniek** | einzigartig |
| **het nadeel** | Nachteil |
| **het voordeel** | Vorteil |

| | | |
|---|---|---|
| ADS | de outfit | Outfit |
| | de modedesigner | Modedesigner |
| | de modeshow | Modenschau |
| | het model | Model |
| | de designer | Designer |
| | het tempo | Tempo |
| | de catwalk | Laufsteg |
| WB | **de rits** | Reißverschluss |
| | **de knoop** | Knopf |
| | het sprookje | Märchen |
| | fel | grell |
| | het bovenlichaam | Oberkörper |
| | **vies** | schmutzig |
| | de scooter | Motorroller |
| | **zich ergeren** | sich ärgern |
| | **zich bezighouden** | sich beschäftigen |
| | **zich ontspannen** | sich entspannen |
| | **het onderzoek** | Untersuchung |
| | oogheelkundig | augenheilkundig |
| | het tandartsenteam | Zahnarztteam |
| | **het spreekuur** | Sprechstunde |
| | **het spoedgeval** | dringender Fall |
| | **buiten** | außerhalb |
| | **de buikpijn** | Bauchschmerzen |
| | **de oogarts** | Augenarzt |
| | gespannen | angespannt |
| | de verhouding | Verhältnis |
| | **opvallend** | auffällig |
| | **gauw** | bald, schnell |
| | de wasvrouw | Waschfrau |

# Tussenstop 2

| | | |
|---|---|---|
| 1b | de binnencirkel | Innenkreis |
| | de buitencirkel | Außenkreis |
| | **de cirkel** | Kreis |
| | **daaromheen** | drumherum |
| | opschuiven | weiterrücken |
| 2 | **meerderjarig** | volljährig |
| | **stemmen** | wählen |
| | **autorijden** | Auto fahren |
| | **de coach** | Coach |
| | **het rijbewijs** | Führerschein |
| | **het telefoonabonnement** | Handyvertrag |
| | **de toestemming** | Einverständnis |
| | **de zaak** | Angelegenheit |
| | **regelen** | regeln |
| | **de zorgverzekering** | Krankenversicherung |
| | **trakteren** | einen ausgeben |
| | Ik trakteer vandaag. | Ich gebe heute einen aus. |
| | de fruitspies | Obstspieß |
| | **feliciteren** | gratulieren |
| 3a | **de traktatie** | das, was ausgegeben wird |
| | Mijn traktatie is fruitspiesjes. | Ich gebe Obstspieße aus. |
| | **de versiering** | Verzierung |
| 4a | het bevrijdingsfestival | Festival am Befreiungstag |
| | het bevrijdingsvuur | Befreiungsfeuer |
| 4b | **vergelijkbaar** | vergleichbar |
| 4c | **de artiest** | Künstler |
| | **de band** | Band, Musikgruppe |
| | **vorig** | letzte(-r, -s) |
| | **beluisteren** | anhören |
| | **het nummer** | Lied, Song |
| 5 | **vertraagd** | verspätet |
| 7b | de achterbank | Rückbank |
| | de blessure | Verletzung |
| | **structureren** | strukturieren |
| 7d | zich verstappen | sich den Fuß verstauchen |
| | Ik heb me verstapt. | Ich habe mir den Fuß verstaucht. |
| | het ijsblokje | Eiswürfel |
| | **de pijnstiller** | Schmerzmittel |
| | het verband | Verband |
| | **gezwollen** | geschwollen |
| | **koelen** | kühlen |
| | **de zwelling** | Schwellung |
| | **terugkomen** | wiederkommen |
| | **akkoord** | einverstanden |
| WB | **vermoeiend** | ermüdend, anstrengend |
| | **zich schamen** | schämen |
| | immaterieel | immateriell, geistig |
| | het erfgoed | Kulturerbe |
| | materieel | materiell |
| | de grachtengordel | Grachtengürtel |
| | de Waddenzee | Wattenmeer |
| | de tegenstelling | Gegensatz |
| | tastbaar | greifbar, fühlbar |
| | **voelen** | fühlen |
| | de optocht | Umzug |
| | Sint Maarten | Sankt Martin |
| | de kermiscultuur | Rummelkultur |
| | het fierljeppen | Stabweitspringen |
| | **van oorsprong** | ursprünglich |
| | **Fries** | friesisch |
| | **de atleet** | Athlet |
| | de stok | Stock, Stab |
| | de sloot | Wassergraben |
| | overbruggen | überbrücken |
| | **de generatie** | Generation |
| | de draai | Wendung |
| | **de verandering** | Veränderung |
| | levend | lebend |
| | **de ontwikkeling** | Entwicklung |
| | in stand houden | aufrechterhalten |
| | **aanmelden** | anmelden |
| | happen | beißen |
| | **skaten** | skaten |
| | gelijk aan | gleich |

# 5 Met veel gevoel

| | | |
|---|---|---|
| AS | **het gevoel** | Gefühl |
| | de karaktertest | Psychotest, Charaktertest |
| | het type | Typ |
| | **impulsief** | impulsiv |
| | overkomen | wirken |
| | Hoe kom je op anderen over? | Wie wirkst du auf andere? |
| | **stug** | stur |
| | **oppervlakkig** | oberflächlich |
| | **onverschillig** | gleichgültig |
| | het compliment | Kompliment |
| | aanpakken | zupacken |
| | **tactvol** | taktvoll |
| | **reageren** | reagieren |
| | **de bekende** | Bekannte(-r) |
| | **zelfverzekerd** | selbstsicher |
| | **kwetsen** | verletzen, kränken |
| | **de grap** | Witz, Spaß |
| A1a | **optellen** | zusammenzählen |
| | **de punt** | Punkt |
| | Tel de punten op. | Zähl die Punkte zusammen. |
| | **de score** | Punktzahl |
| | gereserveerd | reserviert, zurückhaltend |
| | attent | aufmerksam |
| | waarderen | schätzen |
| | de rust | Ruhe |
| | de kalmte | Gelassenheit |
| | **diep** | tief |
| | de neiging | Neigung |
| | **zelden** | selten |
| | het levensmotto | Lebensmotto |
| | roesten | rosten |
| | **gevoelig** | sensibel, einfühlsam |
| | **loyaal** | loyal |
| | **de hulpvaardigheid** | Hilfsbereitschaft |
| | uitpakken | ausgehen |
| | slecht uitpakken | schlechte Folgen haben |
| | **het vertrouwen** | Vertrauen |
| | misbruiken | ausnutzen, missbrauchen |
| | **opgewekt** | vergnügt, aufgeweckt |
| | innemend | einnehmend |
| | **de persoonlijkheid** | Persönlichkeit |
| | **geestig** | geistreich, witzig |
| | omgaan | umgehen, verkehren |
| | de levensvreugde | Lebensfreude, Lebenslust |
| | **avontuurlijk** | abenteuerlich |
| | de instelling | Einstellung |
| | de spontaniteit | Spontanität |
| | de irritatie | Irritation |
| | **vrolijk** | fröhlich |
| | **de glimlach** | Lächeln |
| | verdwijnen | verschwinden |
| | het motto | Motto |
| | efficiënt | effizient |
| | de perfectionist | Perfektionist |
| | **geduldig** | geduldig |
| | **zwijgen** | schweigen |
| | verantwoordelijk | verantwortlich |
| | **dominant** | dominant |
| 2 | **de karaktereigenschap** | Charaktereigenschaft |
| 4a | het idool | Idol |
| B1 | **blij** | froh |
| | **beledigd** | beleidigt |
| | **woedend** | wütend |
| | **verbaasd** | erstaunt |
| | **wanhopig** | verzweifelt |
| | **verdrietig** | traurig |
| | **sceptisch** | skeptisch |
| | **melig** | albern |
| B2b | **twijfelen** | zweifeln |
| B3 | chagrijnig | mürrisch |
| | **irritant** | nervig |
| | zeuren | nörgeln |
| | de schriftelijke overhoring (de so) | schriftliche Arbeit |
| | **klagen** | sich beschweren |
| | overdreven | übertrieben |
| | **cool** | cool |
| | de klimaatverandering | Klimaveränderung |
| | de etter | Ekel |
| | de rondleiding | Führung |
| B4a | het grondwoord | Grundwort |
| B5 | de superlatief | Superlativ |
| B6 | de kleuterschool | Vorschule |

| | | |
|---|---|---|
| B7 | de stelling | These, Behauptung |
| | met de klok mee | im Uhrzeigersinn |
| B9a | **de stemming** | Stimmung |
| | **het tentamen** | Prüfung |
| | **netflixen** | Netflix schauen |
| | ertegenaan gaan | sich ins Zeug legen |
| | Nu kan ik er weer tegenaan. | Jetzt kann ich mich wieder ins Zeug legen. |
| | tegenvallen | schiefgehen |
| | **pisnijdig** | stinksauer |
| | **vreselijk** | furchtbar |
| | **zenuwachtig** | nervös |
| | **trots** | stolz |
| | **uitgeput** | erschöpft |
| | **tevreden** | zufrieden |
| | **eenzaam** | einsam |
| | **geïrriteerd** | gereizt |
| | **uitgerust** | ausgeruht |
| | **walgen van** | sich ekeln vor |
| | **bang** | ängstlich |
| | **chagrijnig** | mürrisch |
| B9b | de intonatie | Intonation |
| C1a | de cover | Umschlag |
| | **het hoofdpersonage** | Hauptfigur |
| C1b | de taalcursus | Sprachkurs |
| | het ongeluk | Unfall |
| | doodeng | unheimlich |
| C1c | de recensie | Rezension |
| C2 | het fragment | Auszug |
| | van plan zijn | beabsichtigen, vorhaben |
| | Ik ben van plan het boek te lezen. | Ich habe vor, das Buch zu lesen. |
| | supergrappig | superwitzig |
| | waanzinnig | irre, wahnsinnig |
| | **slim** | schlau, klug |
| | diepzinnig | tiefsinnig |
| | filosofisch | philosophisch |
| | de sterrenhemel | Sternenhimmel |
| | de prikker | Spießchen |
| | de flamenco | Flamenco |
| | briljant | brillant |
| | de openingszin | Eröffnungssatz |
| | uitkloppen | ausklopfen |
| | **het zand** | Sand |
| | staren | starren |

| | | |
|---|---|---|
| | de zandkorrel | Sandkorn |
| | geblokt | kariert |
| | de tegel | Fliese |
| | dwarrelen | wirbeln |
| | Shitterdeshit! | Mist, Mist, Mist! |
| | knikken | nicken |
| | **de hersenen (*Pl.*)** | Gehirn |
| | de mondhoek | Mundwinkel |
| | het wegwerpgebaar | wegwerfende Handbewegung |
| | grinniken | kichern |
| | de zeef | Sieb |
| | **snappen** | kapieren |
| | **duidelijk** | eindeutig |
| | geniaal | genial |
| | **streng** | streng |
| | de stand | Stand |
| | opmaken | aufstellen |
| | de stand opmaken | die Bilanz aufstellen |
| | de aandacht | Aufmerksamkeit |
| | **verliezen** | verlieren |
| | het hokje | Ecke |
| | compleet | komplett |
| | tenslotte | schließlich |
| C5b | **discussiëren** | diskutieren |
| ADS | degene | der-/diejenige |
| WB | de drukte | Hektik |
| | emotioneel | emotional |
| | verdrinken | ertrinken |
| | rusten | ausruhen |
| | **lui** | faul |
| | **de humor** | Humor |
| | verstoren | stören |
| | **koppig** | dickköpfig |
| | de omgang | Umgang |
| | de kalkoen | Pute |
| | **de aarde** | Erde |
| | **de honger** | Hunger |
| | **gekwetst** | verletzt |
| | **nerveus** | nervös |
| | afkeren | abwenden |
| | **slecht gehumeurd** | schlecht gelaunt |
| | verlaten | verlassen |
| | angstig | ängstlich |
| | **de spin** | Spinne |
| | het examen | Prüfung |
| | **de schilder** | Maler |

| | |
|---|---|
| beheersen | beherrschen |
| de stemmingswisseling | Stimmungs-schwankung |
| ontroerend | rührend |
| het hoogtepunt | Höhepunkt |
| het dieptepunt | Tiefpunkt |
| depressief | depressiv |
| het schildersmateriaal | Malutensilien |
| de huur | Miete |
| afkeuren | missbilligen |
| het zelfportret | Selbstporträt |
| verbonden | verbunden |
| de aanleiding | Anlass |
| mislukken | missglücken |
| het scheermes | Rasiermesser |
| per ongeluk | unabsichtlich |
| de oorlel | Ohrläppchen |
| de kunsthandelaar | Kunsthändler |
| **Parijs** | Paris |

| | |
|---|---|
| **Londen** | London |
| de mede-eigenaar | Miteigentümer |
| de kunsthandel | Kunsthandel |
| ontslaan | kündigen |
| ernstig | ernsthaft |
| de depressie | Depression |
| de zenuwinzinking | Nervenzusammen-bruch |
| psychiatrisch | psychiatrisch |
| de zelfmoord | Selbstmord |
| plegen | verüben |
| zelfmoord plegen | Selbstmord verüben |
| de borst | Brust |
| **overlijden** | sterben |
| het museumbezoek | Museumsbesuch |
| achterlaten | hinterlassen |
| reconstrueren | rekonstruieren |
| blijkbaar | scheinbar |
| de kerkerker | Kirchenerker |

# 6 In de media

| | Nederlands | Deutsch |
|---|---|---|
| AS | **de media (*Pl.*)** | Medien |
| | de workshop | Workshop |
| | **op zoek gaan** | sich auf die Suche machen |
| | Hij gaat op zoek naar antwoorden. | Er macht sich auf die Suche nach Antworten. |
| | de truc | Trick |
| | de zoektocht | Suche |
| | **verzorgen** | ausführen |
| A1 | formeel | formell |
| | Kun je formele brieven schrijven? | Kannst du formelle Briefe schreiben? |
| | opvolgen | befolgen |
| | de communicatie | Kommunikation |
| | **plaatsvinden** | stattfinden |
| | **in plaats van** | statt |
| | Ik schrijf vaak mails in plaats van brieven. | Ich schreibe häufig Mails statt Briefe. |
| | **hoewel** | obwohl |

| | Nederlands | Deutsch |
|---|---|---|
| | de eis | Anforderung |
| | gelden | gelten |
| | vermelden | angeben |
| | helder | eindeutig |
| | **correct** | Korrekt |
| | **meesturen** | mitschicken |
| | de bijlage | Anlage |
| | voorzien | versehen |
| | logisch | logisch |
| | beperken | begrenzen |
| | de witregel | Leerzeile |
| | corresponderen | übereinstimmen |
| A4 | de keukentafel | Küchentisch |
| | **het telefoontje** | Anruf |
| | Tot mails. | Bis zur nächsten Mail. |
| | het bureau | Agentur, Beratungs-stelle |
| | **de mentorklas** | Mentorklasse |
| | **pesten** | mobben |

| | | |
|---|---|---|
| | de ouderavond | Elternabend |
| | **uitpraten** | ausreden |
| | buitensluiten | ausschließen |
| | de prijsvraag | Preisausschreiben |
| A5 | **gemeen** | gemein |
| | de actie | Aktion |
| A7 | het futurum | Futur |
| B1 | de zoekfunctie | Suchfunktion |
| B1b | het aspect | Aspekt |
| B2a | **negatief** | negativ |
| B2b | aanknopen | anknüpfen |
| B3a | de winkelstraat | Einkaufsstraße |
| | de flyer | Flyer |
| | de valkuil | Falle |
| | **het vlog** | Vlog |
| | **offline** | offline |
| | de documentaire | Dokumentarfilm |
| | **hoe … hoe** | je … desto |
| | Hoe sneller hoe beter. | Je schneller, desto besser. |
| | insturen | einschicken |
| | het videobestand | Videodatei |
| | **de link** | Link |
| B3b | verzoeken | bitten |
| C1 | de tijdlijn | Zeitlinie |
| | **de radio** | Radio |
| | **het tijdschrift** | Zeitschrift |
| | **het internet** | Internet |
| | **de krant** | Zeitung |
| | **de tv** | Fernsehen |
| C2a | **de verslaggever** | Berichterstatter, Reporter |
| | **het netwerk** | Netz, Netzwerk |
| | **de uitzending** | Sendung, Übertragung |
| | **het vlog** | Vlog |
| | **het nieuws** | Nachrichten |
| | **de serie** | Serie |
| | **de reclame** | Reklame, Werbung |
| | **de documentaire** | Dokumentarfilm |
| | **het toestel** | Gerät, Apparat |
| | **het bericht** | Nachricht, Meldung |
| | **de uitgever** | Herausgeber, Verleger |
| | **de reportage** | Reportage, Bericht |
| | **het commentaar** | Kommentar |
| | **de illustratie** | Illustration |

| | | |
|---|---|---|
| | **de krantenkop** | Schlagzeile |
| | **het vervolg** | Fortsetzung |
| | **de advertentie** | Anzeige |
| | **de journalist** | Journalist |
| | **de game** | (Computer-)Spiel |
| | **de herhaling** | Wiederholung |
| | **de oplage** | Auflage |
| | **het journaal** | Nachrichten |
| | **de opname** | Aufnahme |
| | **het weerbericht** | Wetterbericht |
| | **het artikel** | Artikel |
| | **de story** | Geschichte |
| | **de bijlage** | Beilage |
| | **het blog** | Blog |
| C2b | **de geschiedenis** | Geschichte |
| C3 | het platform | Plattform |
| | delen | teilen |
| | **de app** | App |
| | **chatten** | chatten |
| | de geluidsopname | Tonaufnahme |
| | het document | Dokument |
| | zelfgemaakt | selbstgemacht |
| | **bewerken** | bearbeiten |
| C4 | de post | Beitrag, Post |
| | het bijschrift | Bildunterschrift |
| | het account | Account |
| | tof | toll |
| | Wat tof! | Wie toll! |
| | terecht | zu Recht |
| | **eindelijk** | endlich |
| | **verslaafd** | süchtig |
| | **treurig** | traurig |
| B5a | het lievelingsprogramma | Lieblingssendung |
| | geabonneerd zijn op | abonnieren |
| | Ik ben geabonneerd op de Volkskrant. | Ich habe die Volkskrant abonniert. |
| | **zitten op** | Mitglied sein von |
| | Zit je op Instagram? | Bist du Mitglied bei Instagram? |
| | **ontvangen** | empfangen |
| C6a | maandelijks | monatlich |
| | de doelgroep | Zielgruppe |
| | het lievelingsartikel | Lieblingsartikel |
| C6b | de toehoorder | Zuhörer |
| | de titelpagina | Titelseite |
| | de sportbijlage | Sportteil |
| | **de strip** | Comic |

| | | |
|---|---|---|
| C6c | de pers | Presse |
| | **de nieuwswebsite** | Nachrichtenwebsite |
| | landelijk | landesweit |
| | de ochtendkrant | Morgenzeitung |
| | tweewekelijks | alle zwei Wochen |
| | Het tijdschrift verschijnt tweewekelijks. | Die Zeitschrift erscheint alle zwei Wochen. |
| | het kwartaal | Vierteljahr |
| | verschijnen | erscheinen |
| C6d | **de wiki** | Wiki |
| ADS | **de beamer** | Beamer |
| | **het digibord** | digitale Tafel |
| | het hulpmiddel | Hilfsmittel |
| | de opzet | Planung |
| | aan bod komen | an die Reihe kommen, behandelt werden |
| | Dit punt moet aan bod komen. | Dieser Punkt muss behandelt werden. |
| | de zoom-functie | Zoomfunktion |
| | uitlichten | herausgreifen |
| | het achtergrondgeluid | Hintergrundgeräusch |
| | het poppetje | Püppchen |
| | de diashow | Diashow |
| | het effect | Effekt |
| | de timelapse | Zeitraffer |
| | de slow motion | Zeitlupe |
| | het draaiboek | Drehbuch |
| | de regie | Regie |
| | de montage | Schnitt |
| | de voice-over | Voiceover |
| | monteren | schneiden |
| WB | uitgebreid | ausführlich |
| | de postbode | Postbote |
| | het pakje | Päckchen |
| | **de brievenbus** | Briefkasten |
| | de emoji | Emoji |
| | het communicatienetwerk | Kommunikationsnetzwerk |
| | communiceren | kommunizieren |
| | beklemtoond | betont |

# Tussenstop 3

| | | |
|---|---|---|
| 1 | **het toetsenbord** | Tastatur |
| | **de printer** | Drucker |
| | **het beeldscherm** | Bildschirm |
| | **de muis** | Maus |
| | **de tablet** | Tabletcomputer |
| | **de oplader** | Ladegerät |
| | **de geheugenstick** | USB-Stick |
| | **de e-reader** | E-Book-Reader |
| | **de luidspreker** | Lautsprecher |
| | **de webcam** | Webcam |
| | **de headset** | Headset |
| | **de smartphone** | Smartphone |
| 2a | de achtergrondinformatie | Hintergrundinformation |
| 2b | allerliefst | allerliebste(-r, -s) |
| | de videoclip | Videoclip |
| | **de gitaar** | Gitarre |
| | doof | taub |
| | de gebarentaal | Gebärdensprache |
| 3b | **de spreekbeurt** | (Kurz-)Vortrag |
| | een spreekbeurt geven | einen Vortrag halten |
| | **samenvattend** | zusammengefasst |
| | de kern | Kern |
| 3c | de ronde | Runde |
| 5a | allebei | beide |
| | het aanhalingsteken | Anführungszeichen |
| | de spijt | Bedauern |
| | Ik heb er spijt van. | Ich bedauere es. |
| | veilig | sicher |
| | het grasveld | Wiese |
| | wijsmaken | weismachen |
| | mompelen | murmeln |
| | tikken | klopfen |
| | ongeduldig | ungeduldig |
| | de ballerina | Ballerina |
| | de deurmat | Fußabtreter |
| | **liegen** | lügen |
| | gillen | schreien |
| | rollen | rollen |
| | sarcastisch | sarkastisch |
| | **het lachje** | Lächeln |
| | dreunen | dröhnen |

| | | |
|---|---|---|
| | keihard | knallhart |
| | de Parisienne | Pariserin |
| | plotseling | plötzlich |
| | **de traan** | Träne |
| | slikken | schlucken |
| | rot | beknackt |
| | janken | heulen |
| | de klink | Türklinke |
| | vastpakken | anfassen |
| | voortaan | in Zukunft |
| | schor | rau |
| | **de stem** | Stimme |
| | steken | stecken |
| | dreigend | drohend |
| | de wijsvinger | Zeigefinger |
| | de nagellak | Nagellack |
| | teruggeven | zurückgeben |
| | **schreeuwen** | schreien |
| | grissen | grapschen |
| | het potje | Fläschchen |
| | het buurmeisje | Nachbarsmädchen |
| | openbarsten | aufspringen |
| | de lak | Lack |
| 6a | het avontuur | Abenteuer |
| | de ruimtevaart | Raumfahrt |
| 6c | het leesdagboek | Lesetagebuch |
| | het biologieboek | Biologiebuch |
| 6f | de leesbiografie | Lesebiografie |
| | het leesmateriaal | Lesematerial |
| | de hoeveelheid | Menge |
| WB | het e-mailprogramma | E-Mail-Programm |

| | |
|---|---|
| **afsluiten** | beenden, herunterfahren |
| **typen** | tippen |
| **opmaken** | in Form bringen |
| **opslaan** | speichern |
| de tekstverwerker | Textverarbeitungs-programm |
| **opstarten** | hochfahren |
| **intypen** | eintippen |
| **het bestand** | Datei |
| **bijvoegen** | anhängen |
| **verzenden** | senden |
| het virus | Virus |
| **afdrukken** | drucken |
| installeren | installieren |
| de herinnering | Erinnerung |
| Ter herinnering stuur ik jullie dit appje. | Zur Erinnerung schicke ich euch diese Nachricht. |
| haarfijn | haargenau |
| **de koptelefoon** | Kopfhörer |
| de hiphop | Hip-Hop |
| de rap | Rap |
| de concentratie | Konzentration |
| wegzakken | verschwinden |
| het webforum | Webforum |
| opluchten | erleichtern |
| vaag | vage |
| blokkeren | blockieren |
| vervangen | ersetzen |

# 7 Samen sterk

| | Nederlands | Deutsch |
|---|---|---|
| AS | **het paspoort** | Reisepass |
| | **de zorgpas** | Krankenversicherungskarte |
| | **het formulier** | Formular |
| | **het schoolpasje** | Schülerausweis |
| | **de ov-chipkaart** | Chipkarte für den öffentlichen Personennahverkehr |
| | **herinneren** | erinnern |
| | Ik wil je aan onze afspraak herinneren. | Ich möchte dich an unseren Termin erinnern. |
| | de heenreis | Hinfahrt |
| | de terugreis | Rückfahrt |
| | **de huisartsenpost** | Notfallpraxis |
| | **de ID-kaart** | Personalausweis |
| | **het legitimatiebewijs** | Ausweis |
| | **Aken** | Aachen |
| | getekend | unterschrieben |
| | het toestemmingsformulier | Einwilligungserklärung |
| | het verzamelpunt | Treffpunkt |
| | **de piano** | Klavier |
| A1a | de ziektekostenverzekering | Krankenversicherung |
| | **bijeenkomen** | zusammenkommen, sich treffen |
| | We komen op het station bijeen. | Wir treffen uns auf dem Bahnhof. |
| | **het pasje** | Ausweis, Pass |
| | zich legitimeren | sich ausweisen |
| | de verklaring | Bescheinigung |
| | officieel | offiziell |
| A3b | de baliemedewerkster | Schaltermitarbeiterin |
| | **kwijtraken** | verlieren |
| | Hij is zijn schoolpasje kwijtgeraakt. | Er hat seinen Schülerausweis verloren. |
| A3d | overhalen | überreden |
| A4 | **eergisteren** | vorgestern |
| | **hiernaartoe** | hierher, hierhin |
| | Ik ben met de auto hiernaartoe gekomen. | Ich bin mit dem Auto hierhergekommen. |
| | inloggen | einloggen |
| | **oplossen** | lösen |
| | Hij kan niet alle problemen oplossen. | Er kann nicht alle Probleme lösen. |
| | **bewijzen** | beweisen |
| | **erachter** | dahinter |
| | de servicekosten | Servicekosten |
| A7b | ordenen | ordnen |
| | **achteraf** | hinterher |
| B1a | het onlineprogramma | Online-Programm |
| | de spellingsregel | Rechtschreibregel |
| | hanteren | handhaben |
| | **de politiek** | Politik |
| | het asielzoekerskind | Asylbewerberkind |
| | het asiel | Asyl |
| | Irakees | irakisch |
| | Irak | Irak |
| | de petitie | Petition |
| | de uitzetting | Abschiebung |
| | de handtekening | Unterschrift |
| | **de Tweede Kamer** | niederländisches Parlament |
| | het parlement | Parlament |
| | behandelen | behandeln |
| | de overheid | Regierung |
| | het geval | Fall |
| B1b | het hoofdlettergebruik | Verwendung der Großbuchstaben |
| B2 | **het vraagteken** | Fragezeichen |
| | **de komma** | Komma |
| | **de dubbele punt** | Doppelpunkt |
| | **het aanhalingsteken** | Anführungszeichen |
| | **de punt** | Punkt |
| | **het uitroepteken** | Ausrufezeichen |
| B3 | het Nederlands Migratie Instituut (het NMI) | niederländisches Migrationsinstitut |
| | teruggaan | zurückgehen |
| | het geboorteland | Geburtsland |
| B4 | dicteren | diktieren |
| | **de migrant** | Migrant |
| | de vluchteling | Geflüchtete(-r) |
| | **de oorlog** | Krieg |
| | de hongersnood | Hungersnot |
| | verdreven | vertrieben |
| | de arbeidsmigrant | Arbeitsmigrant |
| | economisch | wirtschaftlich |

| | | |
|---|---|---|
| | het bestaan | Auskommen, Existenz |
| | Joegoslavië | Jugoslawien |
| | **Kroatië** | Kroatien |
| | de Immigratie- en Naturalisatiedienst | niederländische Ausländerbehörde |
| | het leger | Armee |
| C1 | de discriminatie | Diskriminierung |
| | toestaan | erlauben, gestatten |
| | In de les is appen niet toegestaan. | Im Unterricht ist das Schreiben von WhatsApp-Nachrichten nicht erlaubt. |
| | de grondwet | Grundgesetz, Verfassung |
| | zich bevinden | sich aufhalten, sich befinden |
| | wegens | wegen |
| | de levensovertuiging | Grundüberzeugung |
| | de gezindheid | Gesinnung |
| | het ras | Rasse |
| C2 | **het christendom** | Christentum |
| | **de veganist** | Veganer |
| | **vrouwelijk** | weiblich |
| | **homoseksueel** | homosexuell |
| | **heteroseksueel** | heterosexuell |
| | **de atheïst** | Atheist |
| | **het hindoeïsme** | Hinduismus |
| | **het boeddhisme** | Buddhismus |
| | **de rechts-radicaal** | Rechtsradikale(-r) |
| | **het jodendom** | Judentum |
| | **transgender** | transgender |
| | **de pacifist** | Pazifist |
| | **mannelijk** | männlich |
| | **de islam** | Islam |
| | **de liberaal** | Liberale(-r) |
| | **de godsdienst** | Religion |
| | **seksueel** | sexuell |
| | de geaardheid | Veranlagung |
| C3 | **discrimineren** | diskriminieren |
| C4 | **de gelovige** | Gläubige(-r) |
| | **de jood** | Jude |
| | **de kerk** | Kirche |
| | **de tempel** | Tempel |
| | **de moslim** | Muslim |
| | **de moskee** | Moschee |
| | **de christen** | Christ |
| | **de synagoge** | Synagoge |
| | **de boeddhist** | Buddhist |
| | **de hindoe** | Hindu |
| | rooms-katholiek | römisch-katholisch |
| | protestants | protestantisch |
| | hervormd | (evangelisch-) reformiert |
| | gereformeerd | calvinistisch, evangelisch |
| | luthers | lutherisch |
| C5a | **het vwo** | Gymnasium |
| | Ik zit op het vwo. | Ich gehe auf das Gymnasium. |
| | **de god** | Gott |
| | de dagopening | Morgenandacht |
| | gelovig | gläubig |
| | **feesten** | feiern |
| | redelijk | ziemlich |
| | traditioneel | traditionell |
| | **Grieks** | Griechisch |
| | **Latijn** | Latein |
| | **Zweden** | Schweden |
| | het tweetalig onderwijs | bilingualer Unterricht |
| | aanbieden | anbieten |
| | de Amerikaan | Amerikaner |
| | eromheen | drumherum |
| | de afwisseling | Abwechslung |
| | inbrengen | einbringen |
| | gemengd | gemischt |
| | de achtergrond | Hintergrund |
| | Surinaams | surinamisch |
| | de afkomst | Herkunft |
| C6a | gemeenschappelijk | gemeinsam |
| | letterlijk | wortwörtlich |
| | **arm** | arm |
| | **rijk** | reich |
| | levenslustig | lebenslustig, lebensfroh |
| | de pestkop | Plagegeist |
| | de hemel | Himmel |
| | de ozonlaag | Ozonschicht |
| C6b | de boodschap | Botschaft |
| C6c | de oplossing | Lösung |
| ADS | **ervoor** | dafür |
| | In principe ben ik ervoor. | Im Prinzip bin ich dafür. |
| | **ertegen** | dagegen |

| | Nederlands | Deutsch |
|---|---|---|
| | **meehelpen** | mithelfen |
| | uitwerken | ausarbeiten |
| | de formulering | Formulierung |
| | de discussiewedstrijd | Diskussionswettbewerb |
| | het jurylid | Jurymitglied |
| | de tijdbewaker | Zeitwächter |
| | aanwijzen | bestimmen |
| WB | de benodigdheden (*Pl.*) | Benötigtes |
| | de verzorger | Betreuer |
| | de contactgegevens (*Pl.*) | Kontaktdaten |
| | **het medicijn** | Medizin |
| | **de Verenigde Staten (de VS, *Pl.*)** | USA |
| | **de Bondsrepubliek Duitsland** | Bundesrepublik Deutschland |
| | de ambtenaar | Beamte(-r) |
| | **het paar** | Paar |
| | **het geloof** | Glaube |
| | de mensenrechten (*Pl.*) | Menschenrechte |
| | **de maatschappijleer** | Gesellschaftskunde |
| | plaatselijk | örtlich |
| | **het nieuwsbericht** | Nachricht |
| | uitsturen | herausschicken |
| | intoetsen | eingeben |
| | **chaotisch** | chaotisch |
| | **de schouder** | Schulter |
| | de chef | Chef |
| | de sjaal | Schal |
| | **Allah** | Allah |

# 8 Uit de kunst

| | Nederlands | Deutsch |
|---|---|---|
| AS | de gevelsteen | Giebelstein |
| A1a | **de luistertekst** | Hörtext |
| A1b | **de spreker** | Sprecher |
| | de architectuur | Architektur |
| | **oostelijk** | östlich |
| | het havengebied | Hafengebiet |
| | het Oostelijk Havengebied | östliches Hafengebiet |
| | **het stationsplein** | Bahnhofsplatz |
| | **de centrale bibliotheek** | Zentralbibliothek |
| | **de architect** | Architekt |
| | ontwerpen | entwerfen |
| | de etage | Etage |
| | de bijzaak | Nebensache |
| | **de theaterzaal** | Theatersaal |
| | de expositieruimte | Ausstellungsraum |
| | de vergaderruimte | Besprechungsraum |
| | de multimedia (*Pl.*) | Multimedia |
| | wijden | widmen |
| | het dakterras | Dachterrasse |
| | **gekenmerkt worden** | gekennzeichnet sein |
| | Het huis wordt gekenmerkt door zijn open karakter. | Das Haus ist durch seinen offenen Charakter gekennzeichnet. |
| | **het plafond** | Decke |
| | betonnen | aus Beton |
| | de zijde | Seite |
| | glazen | gläsern |
| | de voorgevel | Fassade |
| | **het muziekgebouw** | Konzerthaus |
| | hedendaags | gegenwärtig |
| | **klassiek** | klassisch |
| | haaks | rechtwinklig |
| | **de concertzaal** | Konzertsaal |
| | **de jazz** | Jazz |
| | ontdekken | entdecken |
| | het verval | Verfall |
| | **het pakhuis** | Lagerhaus |
| | **het vasteland** | Festland |
| | dwars | quer |
| | de kade | Kai |
| | **het grachtenhuis** | Grachtenhaus |
| | de Koninklijke Nederlandsche Stoomboot-Maatschappij (de KNSM) | Königlich Niederländische Dampfergesellschaft |
| | **het woonblok** | Wohnblock |
| | **typerend** | charakteristisch |
| | Typerend voor deze wijk zijn de woonblokken. | Charakteristisch für dieses Viertel sind die Wohnblöcke. |

| | | |
|---|---|---|
| | kunstmatig | künstlich |
| | betrekken | beziehen |
| | het percentage | Prozentsatz |
| | de verte | Ferne |
| | de overspanning | Bogen |
| | de indruk | Eindruck |
| A4b | de brochure | Broschüre |
| B1 | heropenen | wiedereröffnen |
| | beknopt | kurz |
| | de kunstgalerij | Kunstgalerie |
| | de verzameling | Sammlung |
| | onderbrengen | unterbringen |
| | de collectie | Sammlung |
| | **voldoen aan** | erfüllen, genügen |
| | De leerlingen voldoen aan alle eisen. | Die Schüler erfüllen alle Anforderungen. |
| | het kunstwerk | Kunstwerk |
| | ingrijpend | einschneidend |
| | langdurig | langwierig |
| | **de verbouwing** | Umbau |
| | tentoonstellen | ausstellen |
| | vernoemen | benennen |
| | toenmalig | damalig |
| | **sindsdien** | seitdem |
| | de kunstliefhebber | Kunstliebhaber |
| B2b | het passief | Passiv |
| | door | von |
| B3a | de linkerkolom | linke Spalte |
| B4 | intens | intensiv |
| | **helder** | hell |
| B5 | het olieverfschilderij | Ölgemälde |
| | afbeelden | darstellen |
| | de zekerheid | Sicherheit |
| | tegenwoordig | heutzutage |
| B6a | het net | Netz |
| | **vissen** | angeln, fischen |
| | de mand | Korb |
| | **heet** | heiß |
| | de kool | Kohle |
| | **de muur** | Mauer, Wand |
| B6b | betrappen | erwischen |
| C1 | **de aanrader** | Tipp |
| | Deze film is een echte aanrader. | Dieser Film ist ein echter Tipp. |

| | | |
|---|---|---|
| | **de muziek** | Musik |
| | **de literatuur** | Literatur |
| | **de schilder** | Maler |
| | **de muzikant** | Musiker |
| | **de dichter** | Dichter |
| | **de acteur** | Schauspieler |
| | **de schilderes** | Malerin |
| | **het muziekstuk** | Musikstück |
| | **het nummer** | Lied, Song |
| | **het schilderij** | Gemälde |
| | **de beeldhouwer** | Bildhauer |
| | **het beeld** | Skulptur, Statue |
| | **de dichteres** | Dichterin |
| | **het toneel** | Theater |
| | **het verhaal** | Geschichte, Erzählung |
| | **het gedicht** | Gedicht |
| | **het standbeeld** | Statue |
| | **de schijfster** | Schriftstellerin |
| | **de actrice** | Schauspielerin |
| | **de muzikante** | Musikerin |
| | **de componiste** | Komponistin |
| | **de beeldhouwkunst** | Bildhauerei |
| | **de componist** | Komponist |
| | **de schilderkunst** | Malerei |
| | **het concert** | Konzert |
| | **de roman** | Roman |
| | **de schrijver** | Schriftsteller |
| | **het toneelstuk** | Theaterstück |
| | **de beeldhouwster** | Bildhauerin |
| | **de kunstvorm** | Kunstform |
| | **de kunstenaar** | Künstler |
| | **de kunstenares** | Künstlerin |
| | **het kunstwerk** | Kunstwerk |
| C2b | **het zwembad** | Schwimmbad |
| | **verstand hebben van** | Ahnung haben von |
| | Heb je verstand van kunst? | Hast du Ahnung von Kunst? |
| | het straatconcert | Straßenkonzert |
| C3a | uiterlijk | äußerlich |
| C3b | de babydeken | Krabbeldecke |
| | beïnvloeden | beeinflussen |
| | het publiek | Publikum |
| | de software | Software |
| | opsporen | fahnden |
| | verdwenen | verschwunden |
| C3d | de portretfoto | Porträtfoto |

| | | |
|---|---|---|
| C4a | de markthal | Markthalle |
| | het woongebouw | Wohnhaus |
| | het winkelgebouw | Geschäftsgebäude |
| | de binnenkant | Innenseite |
| | uitvergroot | vergrößert |
| | het graan | Getreide |
| | aanrijden | anfahren |
| | de vredesduif | Friedenstaube |
| | het lichtfestival | Lichtfestival |
| | de wandeltocht | Spaziergang |
| | verlicht | beleuchtet |
| | het bloemencorso | Blumenkorso |
| | de wagen | Wagen |
| | bronzen | bronzen, Bronze- |
| | de figuur | Figur |
| | het stationsgebouw | Bahnhofsgebäude |
| | de bijnaam | Spitzname |
| | de haaienbek | Haifischmaul |
| | de muil | Maul, Schnauze |
| | de patatzak | Pommestüte |
| | het muurgedicht | Mauergedicht |
| | **de fietsstraat** | Fahrradstraße |
| | Op een fietsstraat hebben fietsers altijd voorrang. | Auf einer Fahrradstraße haben Radfahrer immer Vorfahrt. |
| | autovrij | autofrei |
| | de oefenplek | Übungsplatz |
| | de graffiti | Graffiti |
| | spuiten | sprühen |
| | verboden | verboten |
| ADS | de collage | Collage |
| | de lijm | Leim |
| | de schoolbibliotheek | Schulbibliothek |
| | de flaptekst | Klappentext |
| WB | de buitenkant | Außenseite |
| | **de schooltijd** | Schulzeit |
| | de directeur | Direktor |
| | verfilmen | verfilmen |
| | sluiten | schließen |
| | de eigenaar | Eigentümer |
| | de handeling | Handlung |
| | de filmavond | Filmabend |
| | de voorkant | Vorderseite |
| | de goederen (*Pl.*) | Waren |
| | de verf | Farbe |
| | het penseel | Pinsel |
| | waargebeurd | wahr |
| | bedacht | ausgedacht |
| | het aftelrijm | Abzählreim |
| | de klemtoon | Betonung |
| | de tik | Klaps |
| | het grut | junges Gemüse |
| | de kurk | Korken |
| | de soldaat | Soldat |
| | op wacht zijn | Wache stehen |
| | de dief | Dieb |

# Tussenstop 4

| | | |
|---|---|---|
| 1c | **de taalfout** | Sprachfehler |
| 3a | **de antwoordsleutel** | Lösungsschlüssel |
| | Heeft u de antwoordsleutel voor me? | Haben Sie den Lösungsschlüssel für mich? |
| 4b | het wassenbeelden-museum | Wachsfiguren-museum |
| | de grachtenrondvaart | Grachtenrundfahrt |
| | **de rommelmarkt** | Flohmarkt |
| | het wetenschapsmuseum | Wissenschafts-museum |
| | het technologiemuseum | Technologiemuseum |
| | historisch | historisch |
| | de bloemenmarkt | Blumenmarkt |
| | het kunstmuseum | Kunstmuseum |
| 4c | **overtuigen** | überzeugen |
| 4d | de voorkeur | Präferenz |
| 5a | **zwaaien** | winken |
| | de conducteur | Schaffner |
| | minderen | verringern |
| | de spoordijk | Bahndamm |
| | razen | rasen |
| | leunen | (sich) lehnen |
| | de machinist | Lokführer |
| 5c | uitdoen | ausmachen |
| | doven | löschen, dämpfen |
| | pitten | pennen |
| | Ik ga pitten. | Ich gehe pennen. |
| | brullen | brüllen |
| | uitschakelen | ausschalten |
| | uittrekken | ausziehen |
| | het individu | Individuum |
| | snurken | schnarchen |
| | het schepsel | Geschöpf, Lebewesen |
| | het mannetje | Männchen, Kerlchen |
| 5e | de wei | Weide |
| | de vaart | Geschwindigkeit |
| | **de pet** | Mütze |
| 5g | het perspectief | Perspektive |
| 6 | de Vlaming | Flame |
| WB | **de minister-president** | Ministerpräsident |
| | de klap | Schlag |
| | de pech | Pech |
| | malen | mahlen |
| | het koren | Korn, Getreide |
| | de taalbiografie | Sprachenbiografie |
| | **het dialect** | Dialekt |

## Bildnachweis

**U1.1** iStockphoto (gradyreese), Calgary, Alberta; **U1.2** iStockphoto (petekarici), Calgary, Alberta; **U1.3** Thinkstock (Digital Vision.), München; **6.1, 14.1** Getty Images (trubavin), München; **6.2, 24.1.1** Getty Images (mapodile), München; **6.3, 38.1** Getty Images (Ljupco), München; **6.4, 48.1** Getty Images (Imgorthand), München; **8.1, 62.1** Getty Images (Kristina Lindberg), München; **8.2, 72.1** Getty Images (mixetto), München; **8.3, 86.1** Getty Images (franckreporter), München; **8.4, 96.1** Getty Images (PEDRE), München; **10.1** Thinkstock (pornchaipic), München; **10.2** Thinkstock (Jules_Kitano), München; **10.3** Getty Images (Lorado), München; **10.4** Thinkstock (lukas_zb), München; **10.5** Getty Images (Image Source), München; **10.6** Getty Images (Betsie Van der Meer), München; **10.7** Getty Images (MangoStar_Studio), München; **11.1** Getty Images (Jasmina007), München; **11.2** Getty Images (Buenaventuramariano), München; **11.3** Getty Images (DNY59), München; **11.4** Getty Images (asiseeit), München; **12.1** Getty Images (Warchi), München; **12.2** Getty Images (JannHuizenga), München; **13.1** Getty Images (venemama), München; **13.2** Getty Images (Creatas Images), München; **13.3** Getty Images (Sjo), München; **13.4** Getty Images (barmalini), München; **13.5** Getty Images (primeimages), München; **13.6** Getty Images (Sergi Nunez), München; **13.7** Getty Images (Pete Saloutos), München; **13.8** Getty Images (Corinne Poleij), München; **14.2** Getty Images (LiveLifeTraveling), München; **14.3** Getty Images (Anolis01), München; **15.1** Getty Images (Creativemarc), München; **15.2** Getty Images (j-shep), München; **15.3** Getty Images (lienkie), München; **15.4** Getty Images (MielPhotos2008), München; **16.1** Getty Images (Sasha Heitzmann), München; **17.1** Thinkstock (GlobalP), München; **18.1** Getty Images (JiriSebesta), München; **18.2** Getty Images (Cameris), München; **19.1** iStockphoto (Amanda Rohde), Calgary, Alberta; **19.2** Getty Images (MachineHeadz), München; **20.1** Getty Images (scaliger), München; **20.2** Getty Images (brians101), München; **20.3** Getty Images (phastflyer), München; **20.4** Bigstock (p.lange), New York, NY; **21.1** Getty Images (ArchMen), München; **21.2** Getty Images (SerrNovik), München; **21.3** Getty Images (jstephens33), München; **21.4** Getty Images (gbryanmiller), München; **21.5** Getty Images (hatman12), München; **21.6** Getty Images (vencavolrab), München; **21.7** Getty Images (greenphotoKK), München; **23.1** Getty Images (nullplus), München; **23.2** Getty Images (Serge-Kazakov), München; **23.3** Getty Images (jacoblund), München; **23.4** Getty Images (Solovyova), München; **26.1** Getty Images (EmirMemedovski), München; **27.1, 110.1** Getty Images (UroshPetrovic), München; **27.2** Getty Images (bergamont), München; **27.3** Getty Images (OLEKSANDR PEREPELYTSIA), München; **27.4** Getty Images (anna1311), München; **27.5** Getty Images (j3rn3j), München; **27.6** Getty Images (_human), München; **27.7** Getty Images (Creativeye99), München; **27.8** Getty Images (tolisma), München; **27.9** Getty Images (Hyrma), München; **27.10** Getty Images (Kateryna Bibro), München; **27.11** Getty Images (alainolympus), München; **27.12** Getty Images (ValentynVolkov), München; **27.13** Getty Images (Diana Taliun), München; **28.1** Getty Images (Stígur Már Karlsson /Heimsmyndir), München; **29.1** Getty Images (skynesher), München; **30.1** Getty Images (GAPS), München; **30.2** Getty Images (Lingbeek), München; **30.3** Getty Images (GAPS), München; **31.1** Getty Images (studioportosabbia), München; **31.2** Getty Images (Kemter), München; **32.1** Getty Images (vladwel), München; **32.2** Getty Images (sara_winter), München; **32.3** Getty Images (rclassenlayouts), München; **33.1** Getty Images (JackF), München; **33.2** Getty Images (simarik), München; **33.3** Getty Images (dusanpetkovic), München; **33.4** Getty Images (Stígur Már Karlsson / Heimsmyndir), München; **34.1** Getty Images (inarik), München; **35.1** Stefan Sudhoff; **35.2** Voedingscentrum (https://creativecommons.org/licenses/by/2.0/); **36.1** Getty Images (Marina Bakush), München; **37.1** Getty Images (EMS-FORSTER-PRODUCTIONS), München; **38.2** Getty Images (wakila), München; **39.1** Getty Images (Daisy-Daisy), München; **42.1** Getty Images (master1305), München; **43.1** Getty Images (Lauren Burke), München; **43.2** Getty Images (Nisangha), München; **43.3** Getty Images (eternalcreative), München; **43.4** Getty Images (hansslegers), München; **43.5** Getty Images (Image Source), München; **43.6** Getty Images (Jaap2), München; **43.7** Getty Images (SolStock), München; **43.8** Getty Images (gilaxia), München; **43.9** Getty Images (Webeye), München; **43.10** Getty Images (GAPS), München; **43.11** Getty Images (Photography by Adri), München; **43.12** Getty Images (Mayabun), München; **44.1** Getty Images (simplytheyu), München; **44.2** Getty Images (Wavebreakmedia), München; **44.3** Getty Images (Juanmonino), München; **44.4** Getty Images (anneleven), München; **45.1** Getty Images (VLIET), München; **45.2** Getty Images (Nisangha), München; **46.1** Getty Images (Liliboas), München; **47.1** Getty Images (Ron Nickel), München; **48.2** Getty Images (Yuri_Arcurs), München; **48.3** Getty Images (GregorBister), München; **48.4** Getty Images (Jasmina007), München; **48.5** Getty Images (Nick Dolding), München; **48.6** Getty Images (Morsa Images), München; **49.1** Getty Images (dandanian), München; **49.2** Getty Images (gollykim), München; **49.3** Getty Images (fotostorm), München;

**49.4** Getty Images (Kasala), München; **49.5** Getty Images (Image Source), München; **49.6** Getty Images (Ljupco), München; **51.1** Getty Images (SolStock), München; **52.1** Getty Images (Nickilford), München; **52.2** Getty Images (anouchka), München; **52.3** Getty Images (Jose Luis Pelaez Inc), München; **52.4** Getty Images (chokja), München; **52.5** Getty Images (deliormanli), München; **52.6** Getty Images (pink_cotton_candy), München; **52.7** Getty Images (utkamandarinka), München; **52.8** Getty Images (alvarez), München; **54.1** Getty Images (Fix), München; **56.1** Dreamstime.com (Msalena), Brentwood, TN; **56.2** Dreamstime.com (Kayintveen), Brentwood, TN; **56.3** Dreamstime.com (Patrick Allen), Brentwood, TN; **56.4** Dreamstime.com (Robert Van „;t Hoenderdaal), Brentwood, TN; **57.1** Getty Images (mapodile), München; **57.2** Getty Images (jonya), München; **57.3** Getty Images (izusek), München; **57.4** Getty Images (m-imagephotography), München; **57.5** Getty Images (Rob Melnychuk), München; **58.1** Getty Images (Epiximages), München; **58.2** Getty Images (Wavebreakmedia Ltd), München; **58.3** Getty Images (Sarah Fix), München; **58.4** Getty Images (kali9), München; **59.1** Getty Images (Klaus Vedfelt), München; **60.1, 60.2** Getty Images (VectorStockCompany), München; **61.1** Getty Images (Sidekick), München; **62.2** Getty Images (Yarinca), München; **63.1** Getty Images (Tara Moore), München; **64.1** Getty Images (The Photo Commune), München; **65.1** Getty Images (ozgurdonmaz), München; **65.2** Getty Images (Daniel Fér), München; **66.1** Getty Images (Tolga TEZCAN), München; **68.1** Getty Images (gece33), München; **69.1** WPG, Amsterdam; **69.2** WPG, Amsterdam; **70.1** Getty Images (Image Source), München; **71.1** Getty Images (pidjoe), München; **71.2** Getty Images (dusanpetkovic), München; **71.3** Getty Images (HRAUN), München; **71.4** Getty Images (Kristina Lindberg), München; **71.5** Getty Images (Image Source), München; **71.6** Getty Images (MmeEmil), München; **73.1** Getty Images (Steve Debenport), München; **73.2** Getty Images (zdravinjo), München; **73.3** Getty Images (VMJones), München; **74.1** Getty Images (Steve Debenport), München; **75.1** Getty Images (tunart), München; **75.2** Getty Images (Michael Blann), München; **75.3** Getty Images (aphrodite74), München; **75.4** Getty Images (JaneB), München; **76.1** Getty Images (skynesher), München; **77.1** Getty Images (LightFieldStudios), München; **79.1** Getty Images (Image Source), München; **79.2** Getty Images (bruev), München; **79.3** Getty Images (skynesher), München; **79.4** Getty Images (AntonioGuillem), München; **79.5** Getty Images (Iefym Turkin), München; **79.6** Getty Images (davidcreacion), München; **79.7** Getty Images (Anna_ Elesina), München;

**80.1** Getty Images (Lya_Cattel), München; **80.2** Getty Images (RyanKing999), München; **81.1** Getty Images (FatCamera), München; **81.2** Getty Images (FatCamera), München; **81.3** Getty Images (Klaus Vedfelt), München; **82.1** Getty Images (Sitade), München; **82.2** Getty Images (BahadirTanriover), München; **82.3** Getty Images (xxmmxx), München; **82.4** Getty Images (amnachphoto), München; **82.5** Getty Images (rrocio), München; **82.6** Getty Images (The best photo for all), München; **82.7** Getty Images (dem10), München; **82.8** Getty Images (Sergey Peterman), München; **82.9** Getty Images (luismmolina), München; **82.10** Getty Images (urfinguss), München; **82.11** Getty Images (franckreporter), München; **82.12** Getty Images (Reload_Studio), München; **83.1** Getty Images (funky-data), München; **83.2** Getty Images (asiseeit), München; **83.3** Getty Images (patat), München; **83.4** WPG, Amsterdam; **85.1** Getty Images (Михаил Руденко), München; **86.2** Getty Images (oneclearvision), München; **86.3** Getty Images (Dafinchi), München; **86.4** Getty Images (kickers), München; **86.5** Getty Images (ab1126), München; **86.6** Thinkstock (CreativeNature_ nl), München; **86.7** Thinkstock (Pixland), München; **87.1** Getty Images (Antagain), München; **88.1** Getty Images (Kloeg008), München; **89.1** Getty Images (AaronAmat), München; **89.2** Getty Images (Mykola Sosiukin), München; **92.1** Thinkstock (filipW), München; **92.2** Getty Images (AleksandarGeorgiev), München; **92.3** Getty Images (Hermsdorf), München; **93.1** Getty Images (venemama), München; **93.2** Getty Images (Dafinchi), München; **93.3** Getty Images (swissmediavision), München; **93.4** Getty Images (Marina113), München; **93.4** Getty Images (olmozott98), München; **94.1** Loesje, Arnhem; **94.2** Loesje, Arnhem; **94.3** Loesje, Arnhem; **94.4** Loesje, Arnhem; **94.5** Getty Images (Hill Street Studios), München; **95.1** Getty Images (Django), München; **96.2** Stefan Sudhoff; **96.3** Stefan Sudhoff; **96.4** Stefan Sudhoff; **96.5** Stefan Sudhoff; **96.6** Stefan Sudhoff; **96.7** Stefan Sudhoff; **97.1** Getty Images (NaLha), München; **97.2** Getty Images (TasfotoNL), München; **97.3** Getty Images (ErikdeGraaf), München; **97.4** Getty Images (yuri4u80), München; **97.5** Getty Images (InnaFelker), München; **97.6** Getty Images (ACMPhoto), München; **97.7** Getty Images (compuinfoto), München; **97.8** Doris Abitzsch; **97.9** Getty Images (ahavelaar), München; **98.1** Getty Images (FatCamera), München; **99.1** Getty Images (Cebas), München; **100.1, 101.1** Alamy, Abingdon, Oxfordshire; **103.1** Getty Images (Renphoto), München; **104.1, 112.2** Getty Images (PEDRE), München; **104.2, 112.6** Getty Images (mila103), München; **104.3, 112.9** Getty Images (Sjo), München; **104.4, 112.1** © Stad Gent - Dienst Toerisme, Photo by Bas Bogaerts;

**104.5, 112.5** Getty Images (wjarek), München; **104.6, 112.8** Getty Images (PEDRE), München; **104.7, 112.7** Getty Images (siyuanma), München; **104.8, 112.3** Stefan Sudhoff; **104.9, 112.4** Getty Images (fotofritz16), München; **106.1** Getty Images (Jose Luis Pelaez Inc), München; **107.1** Getty Images (tupungato), München; **107.2** Getty Images (kaarsten), München; **107.3** Getty Images (JJFarquitectos), München; **107.4** Getty Images (Paolo Paradiso), München; **107.5** Getty Images (pidjoe), München; **107.6** Getty Images (minemero), München; **108.1** Getty Images (rusm), München; **109.1** Getty Images (MicroStockHub), München; **109.2** Getty Images (Sjo), München; **109.3** Getty Images (franckreporter), München; **110.2** Getty Images (Fotonen), München; **110.3** Getty Images (karandaev), München; **110.4** Getty Images (Milkos), München; **110.5** Getty Images (Guy45), München; **110.6** Getty Images (IvonneW), München; **110.7** Getty Images (PicturePartners), München; **110.8** Getty Images (bonchan), München; **110.9** Getty Images (pioneer111), München; **110.10** Getty Images (MichaelJay), München; **110.11** Getty Images (ALEKSANDR GURIANOV), München; **110.12** Getty Images (karandaev), München; **110.13** Getty Images (unknown1861), München; **113.1** Getty Images (Robert van 't Hoenderdaal), München; **113.2** Getty Images (Goddard_Photography), München; **113.3** Getty Images (AmberLuo), München; **113.4** Getty Images (Beeldbewerking), München; **113.5** Getty Images (eugenesergeev), München; **113.6** Getty Images (Goddard_Photography), München

## Textquellen

**S. 36:** http://www.voedingscentrum.nl; **S. 69:** Elisa van Spronsen: Olé! © Uitgeverij Ploegsma bv, Amsterdam, 2015; **S. 84:** Elisa van Spronsen: Olé! © Uitgeverij Ploegsma bv, Amsterdam, 2015; **S. 108:** Harriet Laurey: Een schelp aan je oor. Holland, 2001 © Catalien van Paassen-Neelissen

## Hörtexte

**Tontechnik und Produktion** René van Broekhoven, Studio Westmaas; Andreas Nesic, Custom Music
**Casting** Henny Everaers, EuroVoice
**Regie** Peter Schoenaerts
**Sprecher** Anne Buhre, Anne-Will Fisser, Esther Geerse, Gert van der Horst, Friso de Jong, Edna Kalb, Sonja van Kleef, Ilse Krause, Fred Meijer, Robyn Pas, Peter Schoenaerts, Elisa van Spronsen, Stefan Sudhoff, Tommie Thie, Julius de Vriend, Donna Vrijhof

Die Aufnahmen wurden von der *Nederlandse Taalunie* unterstützt.